沈阳故宫博物院
院藏精品大系
金属器卷

李声能　主编

北方联合出版传媒（集团）股份有限公司

万卷出版公司

ⓒ 李声能 2021

图书在版编目（CIP）数据

沈阳故宫博物院院藏精品大系 . 金属器卷 / 李声能主编 . — 沈阳 : 万卷出版公司， 2021.7
ISBN 978-7-5470-5618-9

Ⅰ . ①沈… Ⅱ . ①李… Ⅲ . ①文物 – 中国 – 图集②金属器物 – 古器物 – 中国 – 图集 Ⅳ . ① K870.2 ② K876.402

中国版本图书馆 CIP 数据核字（2021）第 112627 号

出 品 人：王维良
出版发行：北方联合出版传媒（集团）股份有限公司
　　　　　万卷出版公司
　　　　　（地址：沈阳市和平区十一纬路 25 号　邮编：110003）
印 刷 者：沈阳市昌达印刷有限公司
经 销 者：全国新华书店
幅面尺寸：290mm×375mm
字　　数：400 千字
印　　张：37
出版时间：2021 年 7 月第 1 版
印刷时间：2021 年 7 月第 1 次印刷
责任编辑：赵新楠
责任校对：高　辉
封面设计：刘萍萍
版式设计：范　娇
ISBN 978-7-5470-5618-9
定　　价：990.00 元
联系电话：024-23284090
邮购热线：024-23285256
传　　真：024-23284448

策划及编辑委员会

《沈阳故宫博物院院藏精品大系》是沈阳故宫多年以来文物研究的重要成果，汇聚了几代人的艰苦努力。2016年，在我们陆续编纂、设计此套图录期间，经万卷出版公司逐级申报，此套图书被列入国家出版基金资助项目，受到社会各界的广泛关注。2017年，该套图书已完成出版10类13卷，因选取沈阳故宫各类精品文物、配有精美的文物图片和说明文字，又具有较高的设计和印刷水准，在出版之后，得到相关专家和读者的一致好评。

2018年，经过沈阳故宫、万卷出版公司共同协商，双方决定继续推进《沈阳故宫博物院院藏精品大系》其他分卷图录的编纂、出版工作。翌年，经万卷出版公司申报，《沈阳故宫博物院院藏精品大系》新增2卷，即玻璃器卷、金属器卷，并再次被列为国家出版基金资助项目，这为本套图书的继续出版，奠定了良好的基础。

至今，经过近三年的艰苦努力，《沈阳故宫博物院院藏精品大系》的玻璃器卷、金属器卷2卷图录即将付梓，我们对此感到欣慰，希望2卷图录的出版，能够为社会公众和文博界同人、收藏界朋友提供丰富、精彩的藏品内容，期待读者通过2卷新书来了解沈阳故宫，并通过我们的馆藏文物，去喜欢、热爱我们悠久而博大的传统文化。

一、沈阳故宫的建立与发展

后金天命十年（1625），清太祖努尔哈赤因政治、军事战略需要，将国都从辽阳东京城迁至沈阳，为入主中原奠定基础，同时也开启了沈阳故宫辉煌历史的第一章。

努尔哈赤迁都沈阳后，在城内中心区域修建了处理国家军政事务的"大衙门"，即沈阳故宫最早的东路宫殿建筑——大政殿（原名"笃恭殿"）和十王亭。一年以后，努尔哈赤故去，由皇八子皇太极（清太宗）继承汗位，并开始修建沈阳故宫中路建筑。1636年皇太极正式称帝，将年号由"天聪"改为"崇德"，将国号"金"改称"清"。在此前后，沈阳故宫已基本完成大内宫阙的建设，它包括大清门、崇政殿、凤凰楼以及正宫清宁宫、东宫关雎宫、西宫麟趾宫、次东宫衍庆宫、次西宫永福宫等内寝各宫殿。

清顺治元年（1644），和硕睿亲王多尔衮统率10万八旗铁骑，利用李自成农民起义军推翻明朝统治的有利时机，挥师入关，占据北京；同年秋季，6岁的小皇帝福临（清世祖）在孝庄皇太后等人扶持下，由盛京（沈阳）迁往北京，开始了清王朝定鼎中原、统治全中国的历史。

清朝迁都北京后，盛京（沈阳）成为大清开国的龙兴之地，沈阳故宫则成为陪都宫殿，以"一朝发祥地，两代帝王宫"而一直受到各代皇帝的重视。自康熙朝开始，清圣祖玄烨以"展祭盛京三陵"为目的，开启清帝东巡的序幕，先后三次巡幸东北盛京地区，并在沈阳故宫举行祭祀和庆典活动。其后，清高宗弘历按照祖制曾经四次巡谒盛京，清仁宗颙琰曾两次、清宣宗旻宁曾一次前往盛京，完成了清帝十次东巡的历史。

自乾隆八年（1743）清高宗首次东巡开始，为完善盛京（沈阳）宫殿皇家建筑体制，亦为皇帝、皇太后、后妃东巡盛京驻跸皇宫之需要，清高宗多次传旨扩建和改建沈阳故宫，于中路建筑两侧增建了"东所""西所"（亦称"东宫""西宫"），它们包括颐和殿、介趾宫、敬典阁和迪光殿、保极宫、崇谟阁等建筑；在大清门东改建了皇家太庙；于西路扩建嘉荫堂、戏台、文溯阁和仰熙斋、九间殿等建筑，从而完成建筑100余座、共计

500 余间的盛京宫殿建筑格局，其占地面积达 6 万余平方米。

清朝帝后历次东巡，不仅为盛京皇宫带来大批皇室成员礼仪、生活方面的御用器物，还由京师内务府陆续输送了大量宫廷艺术类文物，包括瓷器、玉器、书画、珐琅器、漆器、金银器等，其数量达 10 万余件，使沈阳故宫成为继北京紫禁城、承德避暑山庄之外清宫珍藏三大宝库之一，其历史价值、文化价值因此而愈加显赫。

清末至民国初年，东北地区有识之士开始在沈阳故宫旧址筹建博物馆。1926 年 11 月 16 日，经当时奉天省议会讨论通过，在清沈阳故宫旧址组建了"东三省博物馆筹备处"。此后经过三年的文物征集、整理和布展，博物馆于 1929 年 4 月正式对外开放，向中外观众提供服务。历经沧桑的古代皇家建筑，从此变为"搜存古物，阐扬文化"的社会公益机构。

1931 年九一八事变爆发，博物馆工作被迫停顿。次年，伪满奉天省政府将博物馆改名为"奉天故宫博物馆"，并重新对外开放。1936 年，博物馆再次关闭，部分文物被移至伪"国立博物馆奉天分馆"，余者及宫殿建筑划归伪"奉天陵庙承办事务处"。

1945 年抗战胜利后，沈阳故宫成为"辽宁省立民众教育馆"。1947 年，国民政府教育部决定成立"国立沈阳博物院"，院址设于沈阳故宫，并举办了简单的"东北文物展览会"。至 1948 年 11 月沈阳解放，博物院的筹备工作也自行中止。

新中国成立后，沈阳故宫及其博物馆重获新生。1949 年年初，人民政府在这里设立了"沈阳故宫陈列所"，1955 年正式更名为"沈阳故宫博物馆"，并确定了以收藏、展示明清宫廷文物和艺术品为主的办馆方向。1961 年，沈阳故宫古建筑群被确定为第一批"全国重点文物保护单位"，使这座古代帝王宫殿的历史价值得到保护和确认。

1986 年，"沈阳故宫博物馆"更名为"沈阳故宫博物院"，在加强古建筑保护、维修的同时，博物院更加致力于扩大开放展区和提高陈列展览质量，使以往以收藏、研究、宣传为主要任务的博物院工作，逐渐适应新兴的旅游事业的发展需求。除利用沈阳故宫皇家宫殿遗址做好本院各类原状陈列展览、院藏文物精品展和临时展览外，沈阳故宫博物院还注重将本院文物藏品推向海内外，使更多人了解、欣赏到沈阳故宫的特色收藏。数十年来，通过自办或合作方式，已经在世界许多国家和地区举办了各类专题文物展览，在意大利、芬兰、荷兰、美国、加拿大、日本、韩国、新加坡等国以及中国香港、台湾地区所办展览均得到广泛赞誉，使沈阳故宫真正成为全球共享的文化遗产。自 1998 年开始，沈阳故宫增加了在旅游旺季和重要节假日举办"清代盛京宫廷礼仪展演"的活动项目，根据历史史实和清宫制度编创的旅游文化展演，使中外游客对沈阳故宫的历史和重要价值有了更加形象的了解与认识。

2004 年，沈阳故宫以其杰出的历史价值、艺术价值和科学价值，被联合国教科文组织列入《世界遗产名录》，沈阳故宫博物院也从此担负起更为重要的历史使命，在保护、研究、展示这处珍贵文化遗迹工作中发挥出更大的作用。

2017 年初，沈阳故宫博物院经国家文物局严格考评，被列为国家一级博物馆，体现了沈阳故宫总体服务能力、博物馆综合能力的领先地位。近年，沈阳故宫每年接待的游客量都有较大提升。2019 年，沈阳故宫全年的游客接待量已达 254 万人次，门票收入已超过 1 亿元，均为历史最高值。此外在古建筑保护与修缮、文物收藏与保管、清朝前史研究、院藏文物研究以及社会教育、藏品展览和展示等方面，均创造了历史佳绩。

总之，作为全人类共同拥有的文化遗产，沈阳故宫将以其别具特色的古代宫殿建筑和文物典藏，为社会提供更多、更好的精神财富和文化资源。

二、沈阳故宫博物院典藏的珍贵文物

作为清朝开国初期营建并使用的皇家宫殿，以及清中期各代皇帝东巡驻跸的行宫，沈阳故宫曾以丰富、精美的清宫典藏品著称于世，它所典藏的 10 万余件清宫传世文物，如今大多分藏于故宫博物院、台北故宫博物院、南京博物院和其他文博单位，供世人欣赏和研究。

近年，随着沈阳故宫文物征集工作持续开展，本馆文物藏品数量逐年有所增加。截至 2020 年 12 月，沈阳故宫馆藏文物已达 105764 件，这对于本套丛书上次出版时公布的"在册文物102150 件"，确实有了较大提升，体现了博物馆良好的工作状态与发展创新活力。

沈阳故宫博物院现在所收藏和保管的可移动文物，主要于20 世纪 50 年代开始进行登记和造册，此后随着院藏文物的不断增加，特别是 80 年代以后，院藏文物的登记、上账工作逐步规范化，对文物藏品的研究工作也愈加深入。2013 年以后，按照国家文物局制定的全国可移动文物普查标准，本院文物工作者对新发现、新征集的文物进行正式登记，对原有藏品则进行更加规范的数量登记，从而使院藏文物总数有了较大增加，藏品管理更加规范化、科学化。

沈阳故宫博物院典藏的各类珍贵文物，主要有以下四方面的来源：其一是所谓的原藏文物，这类文物包括清初期太祖努尔哈赤、太宗皇太极使用过的各种武备类器物，清中期皇帝东巡使用的各种礼乐器物和萨满教祭祀用具，此外还有 1926 年"东

三省博物馆"建馆后所征集、收藏的各类文物；其二是国家调拨的其他文博单位、机构的馆藏品、收藏品，这类文物主要包括 20 世纪 50 年代至七八十年代，由故宫博物院、南京博物院、上海文物管理委员会等单位陆续调拨的文物藏品，其中由故宫博物院调拨的清宫文物，有少数即为沈阳故宫原藏品，因而反映了清朝宫廷文物传承有序、精美典雅的文化特征；其三是 20世纪 50 年代至今，由沈阳故宫博物院在社会上公开征集的各类文物，这项工作在 20 世纪 60 年代曾得到沈阳市政府的大力支持，经本院文物工作者辛勤努力，在北京、上海多地往返征集，最终收获了包括明清书画在内的大量珍贵文物，使沈阳故宫拥有今天值得称赞的特色馆藏；其四是社会各界对沈阳故宫的无偿捐赠。

目前，沈阳故宫博物院所典藏的 10 万余件可移动文物，共按照 24 类进行编目、登记、上账，按照不同材质，分库、分架进行分类保管。从沈阳故宫现藏文物的总体分类来看，基本是沿袭博物馆（院）的典型文物分类方式，既有按文物质地进行明确分类的，如瓷器、漆器、珐琅器、织绣、玻璃器等，也有大批按照文物使用功能或制作工艺来进行综合分类的，如宫廷遗物、武备、乐器、书法、绘画、雕刻、家具、陈设、杂项、金属、金银珠宝、考古、钱币、古籍、现代工艺等。所有文物藏品的科学分类与登记上账，不仅使博物院的藏品管理、文物研究更显规范，也为我们编辑和出版《沈阳故宫博物院院藏精品大系》提供了方便。

2016 年，由沈阳故宫与万卷出版公司共同完成的《沈阳故宫博物院院藏精品大系》，为本院研究人员独立完成前期编辑工作，由万卷出版公司安排后期的设计、制版与印刷工作。全套书依据文物藏品的不同类别，遴选出 2000 余件精美藏品，按照

以下 10 类 13 卷形式分别出版：

第一类：绘画典藏 2 卷（藏品 300 件，收录本院所藏明、清及近现代名家绘画作品）；

第二类：书法典藏 2 卷（藏品 300 件，收录本院所藏明、清及近现代名家书法作品）；

第三类：瓷器典藏 2 卷（藏品 300 件，收录本院所藏明、清瓷器品，以清朝官窑器居多）；

第四类：珐琅典藏 1 卷（藏品 150 件，收录本院所藏清朝各类珐琅器，以清宫原藏居多）；

第五类：漆器典藏 1 卷（藏品 150 件，收录本院所藏清朝各种漆器，以清宫原藏居多）；

第六类：玉器典藏 1 卷（藏品 150 件，收录本院所藏清朝各类软硬玉器雕刻品，以清宫原藏居多）；

第七类：织绣典藏 1 卷（藏品 150 件，收录本院所藏清朝各种服饰、配饰及其他各种织绣品，以清宫原藏居多）；

第八类：雕刻典藏 1 卷（藏品 150 件，收录本院所藏清朝各类竹、木、牙、角及石雕类文物）；

第九类：宫廷遗物典藏 1 卷（藏品 150 件，收录本院所藏清宫各类帝后御用遗物、礼器、乐器等文物）；

第十类：家具陈设典藏 1 卷（藏品 150 件，收录本院所藏清朝各类家具、陈设品，以清宫原藏居多）。

2018 年至今，我们按照原体例继续编纂并完成以下 2 卷图录：

第十一类：玻璃器典藏 1 卷（藏品 200 余件，收录本院所藏清宫原藏玻璃器类文物）；

第十二类：金属器典藏 1 卷（藏品 200 余件，收录本院所藏古代各朝特别是清朝宫廷制造与收藏的各类金属类文物）。

2020 年，沈阳故宫这座著名的世界文化遗产，已历经 395 年的沧桑岁月。本年度，虽然因新冠肺炎疫情影响使参观人数大为减少，但我们的各项文物展览仍有序开展，线上博物馆的多种服务正全面开展。今天，我们将《沈阳故宫博物院院藏精品大系》玻璃器卷、金属器卷付诸出版，正可以用图录来弥补观众无法前来沈阳故宫参观的遗憾。通过文物藏品图片与文字说明，读者朋友一定会找到各自喜爱的精品文物，并从中领略和发现中华文化的传统之源、艺术之美，从而更加热爱我国古代优秀而灿烂的文明之美！

熔冶锤揲　百錾成器

——沈阳故宫博物院院藏金属器

中华民族具有悠久的历史与璀璨的文化，物质文明与精神文明贯穿于数千年历史长河。在中国古代物质文明发展进程中，其突出而鲜明的标志，是完整踏过人类社会所经历的每一个重要阶段——石器时代、青铜时代、铁器时代、农耕时代（亦称石器文明、青铜文明、铁器文明、农耕文明）。在每一历史阶段创新、发展的进程中，古人在创造物质文明的同时，也创造了无与伦比的精神文明，形成了上下五千年的中华文化。正因如此，才成就了举世独有的中华文明，成就了她的辉煌、灿烂与丰富、多样的文明积淀。在数量众多的中华传世宝物中，金属类文物，可以称为各类可移动文物中的佼佼者。

一、鼎彝至尊——中国古代传统金属器

在中国古代，曾经拥有漫长的金属器生产、制造与收藏历史。金属器生产，始于原始社会末期，而后各代相承递进，由铜器到青铜器，再到金银器，直至后面的铁器和其他各类金属器。宋元、明清时期，人们已不仅满足于金银器的拥有，青铜彝器被赋予更高的文化价值，成为宫廷贵族、士绅富贾争相收藏的宝物。

至今，无论是各地考古发掘的出土文物，还是博物馆、私人藏家所珍藏的传世文物，其中的青铜器、金银器以及其他各类金属器，都是备受人们重视的收藏品。

从研究角度看，古代金属器的生产与制造技术，与人类社会的发展历史息息相关。

石器时代晚期，古人通过使用天然陨石和采集的自然矿石，而了解到金属的坚硬特性，开始使用原始金属器实物。当人们掌握用火之后，熔点较低的铝、锡等矿石便被人们所开采和加工，而后铜、金、银等金属也由人们冶炼和铸造，使早期金属器大量涌入人们的生产和生活，并由此极大地改变和推动了人类社会的发展进程。

原始社会末期，随着奴隶主贵族权势不断增大，开始利用大批奴隶进行金属冶炼和生产，使得铜、锡或铜、铅合成的青铜器得以出现。青铜器的产生，大大降低了金属冶炼的熔点，并提高了器物的坚硬度，这使得金属器在社会上得以广泛使用，同时因铸造便利，人们可以提升金属器的装饰效果与艺术性，这使得社会步入了青铜时代。从公元前4000年至公元初年，世界许多地区先后进入青铜时代，如美索不达米亚平原、地中海沿岸、古印度和古埃及，都相继开始青铜器的生产。中国在公元前3000年左右，掌握了青铜冶炼技术，并在公元前2000年前后进入青铜时代。在河南洛阳偃师二里头遗址中，曾出土成批的礼容器、兵器、工具、饰物等青铜器，说明夏代青铜器铸造与加工已初具规模。

商周时期，随着封建制度建立与完善，宫廷礼制愈加规范，青铜器被大量制成祭祀器、乐器、仪仗等礼制器物，由此推进了金属器的文化地位与文明价值。从至今传世的商周青铜器看，其中有众多食器、酒器、水器和乐器、兵器、车马器，它们有的是宫廷礼器，有的则是宫廷贵族的生活实用器、武器或随葬品，以鼎、簋、鬲、尊、爵、钟、镈、剑、戈、戟、钺等器物为最多。当时，周天子用 9 鼎，诸侯用 7 鼎，卿大夫用 5 鼎，士用 3 鼎或 1 鼎。这些器物不仅见证了古人的日常生活与思想文化，还为后世收藏、欣赏提供了丰富的传世品资源。

春秋战国时期，随着失蜡法和焊接技术发明，青铜器制作工艺有了更大提升，从较为单一的范铸形式，逐步发展为多种金属制作相结合的工艺，错金、鎏金、线刻等技艺已普遍应用，甚至连拼杀战斗的兵器上也大大增加了艺术效果，留下吴越两地所产的精美青铜剑、戈、戟等实用兵器。

秦汉时期，随着金属冶炼、铸造技术提高，铁器生产进入鼎盛时代。西汉时期，铁器制造已更为广泛；至东汉时，冶铁业由原来的官办，逐渐转为各地豪强、富商私设工场参与制造，使冶炼业得到全面普及，除铜镜等铜器为各阶层人们所使用外，铁器已更多应用于人们的生产、生活。此时的铁器有刀、剑、枪、矛等兵器，有犁、锸、铲、锄、耙、镰等农具，有斧、锛、锤、凿、刀、锯、锥、钉等加工工具，有鼎、炉、釜等炊器和钟、带钩、镊子、火钳、剪刀、厨刀等生活用具。此时的金属器生产已不仅限于冶炼、铸造技术，还有锻打、炒铁、淬炼等技艺，从而极大提高了金属器的坚硬性、锋利度与延展性。

唐、宋、元、明、清各朝，铜器、铁器等金属器继续被人们广泛应用于生产、生活之中，唐代至宋代，因火药出现并被应用于战争，金属制火炮、火枪开始出现。另外随着社会审美取向、欣赏品位提升，金银器生产呈现出不断创新、不断递进的状态，以宫廷贵族、社会上层为核心，形成了"金玉满堂"的价值理念，从而将金器、银器等金属和珠宝类制品相结合，形成以贵重金属为基础的高档奢侈品。在金属千百年漫长的生产发展中，铸造、锤揲、焊接、累丝、掐丝、錾花、镂空、镶嵌、鎏金、错金银等技术日臻完善，可以随心所欲地生产各式各样的金属器物，也由此为后世留下大量材质各异的金属类文物。

二、以金为用——清宫御用金属器

清王朝是中国历史上最后一个封建制王朝，它虽由关外崛起的女真（满洲）贵族集团为核心而建立，却"清承明制"，不仅承继了中原王朝的政治体系、思想理念，还接收了古代诸朝的文化遗存和生产制造工艺，形成别具特色的清朝金属器生产规模。

清太祖努尔哈赤率建州女真起兵早期，尚不能生产铁器。其后，随着宫廷贵族及族人生活、战争需要，手工制造工艺不断提升，各项生产制作已有明确分工。据朝鲜李朝使臣李民寏《建州闻见录》所载，在佛阿拉老城，"银、铁、革、木皆有其工，而惟铁匠极巧"，说明制铁工艺在女真社会已经较为发达。至万历二十七年（1599），"始炒铁，开金银矿"（《清太祖武皇帝实录》卷二），女真人开始大规模从事金属制造业。当时，女真人所制铁器主要是用于战争的各类武器，如刀、剑、枪、炮和箭镞等。

后金进入辽沈地区后，努尔哈赤和皇太极曾先后利用辽南海州地方的汉人铸造大型铁器，如云板、红衣大炮等。虽然其时所生产的铁器较为粗糙，但毕竟是本国所产，也为其后宫廷金属器制作与发展奠定了一定基础。

清朝入关后，满洲贵族仰慕于中原数千年传统文化和传世宝物，开始在社会上大量收集各类珍稀藏品，这其中即包括商周、秦汉、魏晋、隋唐、宋元和明朝所制作的各类金属器，特别是对于商周至唐代所制的各类青铜古器，清朝皇帝喜爱至极。乾隆十四年（1749），清高宗弘历传旨，命大臣梁诗正、王杰等人先后编撰专门收录宫内所藏古铜彝器的专著，前后共计四部，计为《西清古鉴》《西清续鉴甲编》《西清续鉴乙编》《宁寿鉴古》。其中《西清古鉴》一书由梁诗正负责编撰，书中收录清宫藏商周至唐代各类铜器1529件，书后另附钱录十六卷。此书每卷首列器目，每器摹绘图像；卷次图说，注其方圆围径，高广轻重，摹写铭文并注释。《西清续鉴甲编》及《西清续鉴乙编》则由另一大臣王杰负责编撰，《西清续鉴甲编》收录清宫藏商周至唐代铜器944件，另附唐宋以后铜器和玺印等31件，共计975件。《宁寿鉴古》亦名《宁寿古鉴》，书中收录紫禁城宁寿宫所藏商周至唐代铜器701件。

清帝对于盛京皇宫一直予以极大关注，自康熙朝开始，曾多次向盛京宫殿运送清帝御用武器、甲胄及皇帝御容、行乐图等。至乾隆年间，则开始大规模向盛京皇宫运送各类艺术珍品，包括瓷器、玉器、漆器、珐琅器、书画、金银器以及各类殿版图书、皇家档案、玉牒等，其数量多达10万余件。乾隆朝，清高宗还曾将900件商周至唐代的铜器运回盛京，收藏于崇政殿东南侧的飞龙阁内。乾隆晚期，他命王杰编撰《西清续鉴乙编》，对收藏于盛京飞龙阁中的900件青铜器进行完整记录，使我们可以一睹清朝盛世的古铜器珍藏。

除收藏、欣赏古代各朝各类金属器，清帝还注重本朝金属器的设计与生产，康熙元年（1662），清圣祖玄烨传旨重设内务府，以专门管理皇家事务。当时，内务府所辖司作及造办处之下，设置有各类手工作坊，以奉旨制作各类宫廷器具。其中与金属器制造有关的场作有：内务府所辖营造司下设之铁作，广储司下设之铜作、银作等，由这些场作专门生产清宫铁器、铜器、锡器和金银器等金属器皿。

在各场作奉旨设计和生产御用器物时，皇帝往往亲自参与相关设计，在制作出样品后，皇帝时常提出具体修改意见，甚至亲自上手参加制作，以使宫廷器物尽可能达到尽善尽美的程度。

从至今传世的故宫博物院、台北故宫博物院、沈阳故宫博物院所藏清宫金属类文物看，它们大多选材精良、设计精致、制作精美，可以说代表了当时金属器制造的最高水准。

清宫所制造的礼仪性金属器具，因帝后御用而属于国之宝器，它们也成为皇权的象征。此类金属器包括用于御前的各类礼器，还有专门用于殿上陈列的礼制陈设器。这些金属制清宫礼仪用具，采用当时最好的原材料和制作工艺，代表了其时金属制造的最高水平。

三、殿阁珍藏——沈阳故宫博物院院藏金属类文物

清沈阳故宫是全国首批重点文物保护单位、著名的世界文化遗产，其管理单位沈阳故宫博物院，为国家一级博物馆。本馆现收藏有10万余件文物藏品，其中的金属类专项文物达近千件。

沈阳故宫博物院现藏金属类文物的来源主要为三类：其一是本馆旧藏，这其中既有清代直接传承下来的文物，也有民国时期在沈阳故宫成立博物馆后，于东北地区陆续征集入藏的文物；其二是新中国成立后，由故宫博物院调拨给沈阳故宫博物院的金属类藏品，此类文物品质好、做工精，成为沈阳故宫博物院现藏金属器中的精品；其三是新中国成立后，特别是20世纪七八十年代，由本馆文物征集人员在北京、上海、沈阳等地征集的金属类文物。

从沈阳故宫博物院现藏金属类文物本身来看，它们主要由清朝以前各代金属器文物，以及清朝本朝所制金属器文物两大类构成。其中，清朝以前各代金属器文物，包括商周、春秋战国、两汉和宋、金、元、明等各朝金属类文物，如铜制鼎、簋、尊、鬲、瓿及铜鉴等。

清朝本朝所制金属器文物，则主要由以下几个方面构成：

一、清朝帝后御用礼仪器物

清朝帝后所使用的金属器，主要是指宫廷内礼仪性金属器具。这类藏品因为帝后所御用，而属于国家礼制宝器，可以说是展现皇家崇高威仪的代表性器物。此类金属器包括用于御前的各类礼器，如御用"金八件"中的金提炉、金瓶、金香盒、金盥盆、金水盂等；还有专门用于殿上陈列的礼制陈设器，如铜质角端、太平有象、熏炉、香筒、鹤式蜡台等。这些金属类藏品属于清宫礼仪用具，采用当时最好的原材料和制作工艺，体现了其时金属制造的高超水准。

二、清宫御用餐饮具

清宫御用金属类餐饮用具为帝后、妃嫔和其他皇室成员，在宫内就餐、饮茶时所使用的专用器皿。此类餐饮器具种类繁多、制作精良，既有金器、银器，亦有铜器、锡器，另有合金制成的金属器。从清宫金属器具品种看，它们有火锅、火碗、火盆、火炉，以及碗、盘、碟、杯、盅、匙、勺、壶、盒等。清宫所造金属类餐饮器具，经常采用金、银和优质铜、锡等材质制成，它们以范铸、锤揲、錾刻、累丝、镂空、拉伸等工艺加工制成；另外在金属器表面，还会辅以鎏金、镀金、错金银、烧蓝等技术，使得器物表面精彩纷呈，华光璀璨，更具华丽装饰性，突出了金属的质感和特殊表现力。

三、清宫御用生活用具

清宫御用金属类生活用具，为帝后、妃嫔和其他皇室成员日常生活所使用的器皿。它们或大或小，或圆或方，但总体上看均做工考究、技艺精美，反映出御用器物的高端大气。清宫所造金属类生活用具，以铜质材料为最多，通常采用金属器的传统制作方法，如铸造、錾胎、线刻、镂空、填彩、鎏金银等。所包括的器具类型有熏炉、火盆、手炉、脚炉、水盆、渣斗、唾盂、香盒、花盆，以及前朝、本朝所制铜钟等。此类金属生活用具因属于宫中日常所用，故所制造型较为简陋，器物表面的图案纹饰亦相对简单，反映出朴素实用的清宫理念。

四、清宫宗教祭祀礼器

清宫金属类宗教祭祀器物，主要以藏传佛教造像和"五供"等礼仪用器为多。从清宫传世众多金属制宗教祭祀礼器看，它们大多是藏传佛教造像，如释迦牟尼铜像、菩萨铜像、观音铜像、罗汉铜像等。另外是与藏传佛教相关的法器，如七珍、八宝、坛城、金刚杵、法铃以及大小不一的各式铜"五供"、铜提炉等。这些宗教类金属器由满洲贵族制用，器物上带有鲜明的藏、蒙文化特色，同时也融入了中原汉族传统内容，因而体现出多民族文化相融合的特点。

五、清宫仿古陈设器

女真（满洲）人崛起于白山黑水，勃兴于明朝晚期，其社会经济、文化相对落后于中原，因而对数百年形成的中华文化充满仰慕。清朝入关后，几乎全盘接受了明朝及以前诸朝文化和传世器物，与之同时，清朝皇帝、贵族已不再满足在殿阁、府宅里单纯收藏古代铜器，转而开始仿制古玩器物，或以古物为范本，进行新的研制和生产。特别是清康、雍、乾三朝盛世时期，崇尚传统、珍藏古物之风盛极一时，以皇帝为首的宫廷贵族一方面大肆收罗传世艺术品，另一方面则在制造瓷器、珐琅器、漆器、玉器和金属器等器物时，不断加入仿古内容，或从外形、纹饰上模仿，或从工艺、制造上仿造，从而生产出一大批具有古貌古风的仿古作品，为我们留下许多足可乱真的清宫仿古金属器。

其实，沈阳故宫博物院所藏金属器藏品种类远不止如此，金属器数量也远大于此，它们有的分项于乐器类，如编钟、钲、点、锣、角等；有的分项于金属类，如剑、刀、枪、炮等；有的分项于宫廷遗物类，如萨满教用神帽、腰铃、仪刀、铁铲、铁漏、铁勺、铁钩等；有的则完全是由铜胎制成的珐琅器，或是由铜材打造的金属钱币。正因其已各自确定藏品分项，所以不能再按材质收入金属项下。因此，本卷所选录的200余件金属类文物藏品，仅以本馆金属藏品项下为选择对象，略为兼选少数别项文物，以确保全套图书总体文物藏品布局的合理性以及各卷的完整性。

沈阳故宫博物院所藏金属类文物，以清朝本朝制造的金属器物为最多，前朝传世的金属类文物略少。但无论是清朝本朝器物也好，前朝传世的金属器也罢，它们都是数千年中华传统文化的承载体，体现了数千年中国人的集体智慧与创造力，体现了我们先辈对生活、对世界的感受和热爱。因此，我们现在将这些金属类文物汇聚一卷，实质上正是对传统文化的传播与弘扬，是博物院把藏品奉献给公众、奉献给社会的最佳途径之一。

我们的初衷也只有一个：热爱中华民族璀璨的五千年！

目 录

前 言　Preface　／ 005
综 述　Summary　／ 009

一、鼎彝宝器——古铜器与明清铜鉴
I . Ding and Yi Treasures: Ancient Bronzes and Ming and Qing Bronzes

1　周铜鼎
Bronze Ding, the Zhou Period　／ 003

2　战国三兽纽铜盖鼎
Covered Bronze Ding, the Warring States Period　／ 005

3　战国铜簋
Bronze Gui, the Warring States Period　／ 007

4　战国铜剑
Bronze Sword, the Warring States Period　／ 009

5　汉云纹纽铜扁壶
Flat Bronze Pot with Cloud Pattern, the Han Dynasty　／ 011

6　宋盘蛇尊
Zun With Snake Pattern, the Song Dynasty　／ 013

7　宋饕餮纹铜花觚
Bronze Vase with a Taotie Pattern, the Song Dynasty　／ 016

8　辽铜鬲
Bronze Li, the Liao Dynasty　／ 018

9　汉半球纽八乳钉规矩铜镜
Bronze Mirror with Eight Studs and Hemispherical Knobs, the Han Dynasty　／ 020

10　六朝铜镜
Bronze Mirror, the Six Dynasties　／ 021

11　唐海马葡萄纹铜镜
Bronze Mirror with Seahorse and Grapes Pattern, the Tang Dynasty　／ 022

12　宋鸟兽纹铜镜　／ 024
Bronze Mirror with Bird and Animal Pattern, the Song Dynasty

13　明十二生肖纹葵式铜镜
Bronze Mirror with Chinese Zodiac Pattern, the Ming Dynasty　／ 026

14 明带柄双凤纹铜镜
    Bronze Mirror with Double Phoenix Pattern, the Ming Dynasty   / 028

15 明家常富贵款图案纹铜镜
    Bronze Mirror with Motifs and Jiachang Fugui Mark, the Ming Dynasty   / 030

16 明崇祯二年款素面方形铜镜
    Plain Square Bronze Mirror with Chongzhen Second Year Mark, the Ming Dynasty   / 032

17 清乾隆款仿古十枚铜镜（一套十件）
    A Set of Ten Pieces of Imitated Bronze Mirrors with Qianlong Mark, the Qing Dynasty   / 034

18 清木柄铜镜
    Wooden-Handled Bronze Mirror, the Qing Dynasty   / 038

19 清缠枝莲纹莲瓣形铜镜
    Bronze Mirror with Lotus Pattern, the Qing Dynasty   / 039

二、仿古炉尊——明清仿古铜器
II . Antique Ware: Ming and Qing Dynasty Antique Bronzes

1   明永乐款锦地开光夔凤纹直耳三足铜鼎
    Copper Tripod with Phoenix Pattern and Yongle Mark, the Ming Dynasty   / 043

2   明饕餮纹铜簋
    Copper Gui with Taotie Pattern, the Ming Dynasty   / 045

3   明双兽耳铜方簠
    Copper Basket with Handles, the Ming Dynasty   / 046

4   明永乐款兽耳三足炉
    Copper Burner with Yongle Mark, the Ming Dynasty   / 047

5   明宣德款双耳三足铜炉
    Incense Copper Burner with Xuande Mark, the Ming Dynasty   / 048

6   明宣德款双耳三足铜炉
    Incense Burner with Xuande Mark, the Ming Dynasty   / 049

7   明平斋款弓耳乳足铜炉
    Incense Copper Burner with Pingzhai Mark, the Ming Dynasty   / 051

8   明富贵款兽耳六方铜瓶
    Hexagonal Copper Vase with Fugui Mark, the Ming Dynasty   / 053

9   明锦地夔纹贯耳铜瓶
    Copper Vase with Kui Dragon Pattern, the Ming Dynasty   / 055

10 明错金银凫尊
    Silver and Gold Eider Shaped Zun, the Ming Dynasty   / 057

11 明错金银牺尊
    Silver and Gold Sacrificial Zun, the Ming Dynasty   / 059

12 清夔纹直耳三足铜鼎
    Copper Tripod with Kui Dragon Pattern, the Qing Dynasty   / 060

13 清兽纽兽耳兽面纹三足盖炉

Lidded Burner with Beast Pattern, the Qing Dynasty　　/ 061

14　清直耳兽足铜炉

Copper Burner with Beast Pattern, the Qing Dynasty　　/ 063

15　清嵌铜丝狮纽铜盖炉

Lidded Copper Burner with Knob and Inlaid Copper Wire, the Qing Dynasty　　/ 065

16　清兽面纹双耳三足盖炉

Lidded Incense Burner with Beast Pattern, the Qing Dynasty　　/ 067

17　清螭耳四兽足铜炉

Copper Incense Burner with Chi Dragon and Beast Pattern, the Qing Dynasty　　/ 069

18　清嘉庆款铜簋

Copper Gui with Jiaqing Mark, the Qing Dynasty　　/ 070

19　清浮雕海水纹菱形四足簠

Fu in a Rhombus Shape with Seawater Pattern, the Qing Dynasty　　/ 072

20　清兽面纹双耳活环壶

Double Handles Pot with Beast Pattern, the Qing Dynasty　　/ 073

21　清夔龙纹双贯耳铜壶

Copper Pot with Kui Dragon Pattern and Double Pierced Handles, the Qing Dynasty　　/ 074

22　清饕餮纹百环铜尊

Copper Vessel with Taotie Pattern, the Qing Dynasty　　/ 075

23　清蕉叶纹四角出脊方觚

Square Goblet with Banana Leaves Pattern, the Qing Dynasty　　/ 077

24　清仿宣德款蕉叶纹出脊铜花觚

Imitated Xuande Period Bronze Goblet with Banana Leaves Pattern, the Qing Dynasty　　/ 079

25　清乾隆款铜雷纹爵

Copper Jue with Qianlong Mark, the Qing Dynasty　　/ 081

26　清仿古铜兽面纹牺首觥

Ancient Style Bronze Goblet with Beast Pattern, the Qing Dynasty　　/ 082

三、高雅陈列——御用宝器及宫中陈设

III . Elegant Display: Imperial Treasures and Palace Furnishings

1　清铜鎏金八卦象足提炉

Copper Incense Burner with Eight-Trigram Pattern, the Qing Dynasty　　/ 087

2　清云龙纹兽面活环铜盖罐

Lidded Copper Jar with Beast Pattern, the Qing Dynasty　　/ 089

3　清铜镀金双龙纹菊瓣盆

Copper Chrysanthemum-Petal Shaped Basin, the Qing Dynasty　　/ 091

4　清金提炉

Gold Incense Burner, the Qing Dynasty　　/ 093

5　清雕龙纹带链三足银盖炉

Lidded Silver Incense Burner with Dragon Pattern, the Qing Dynasty　　/ 095

6 　清银提炉
　　Silver Incense Burner, the Qing Dynasty 　　/ 097

7 　清金壶
　　Gold Pot, the Qing Dynasty 　　/ 099

8 　清铜镀金甪端（一对）
　　A Pair of Copper Luduan Incense Burners, the Qing Dynasty 　　/ 101

9 　清乾隆款鎏金铜甪端炉（一对）
　　A Pair of Copper Luduan Incense Burners with Qianlong Mark, the Qing Dynasty 　　/ 103

10 　清铜镀金嵌石料蟠龙香筒（一对）
　　A Pair of Copper Inlaid Stoneware Incense Burners, the Qing Dynasty 　　/ 105

11 　清六角重檐顶镂空六角香筒（一对）
　　A Pair of Hexagonal Incense Burners, the Qing Dynasty 　　/ 107

12 　清六角形铜鎏金龙柱香亭
　　Hexagonal Copper Incense Burner, the Qing Dynasty 　　/ 109

13 　清铜镀金嵌玉亭式香筒
　　Copper Incense Burner in a Pavilion Shape, the Qing Dynasty 　　/ 111

14 　清镂空盖花鸟纹四方铜熏炉
　　Large Lidded Copper Incense Burner with Flower and Bird Pattern, the Qing Dynasty 　　/ 113

15 　清四牛盖象足大铜熏炉
　　Large Lidded Bronze Burner with Ox and Elephant Pattern, the Qing Dynasty 　　/ 115

16 　清双耳三足兽纽木盖圆形铜炉
　　Copper Incense Burner with a Wooden Cover, the Qing Dynasty 　　/ 117

17 　清铜鹤烛台（一对）
　　A Pair of Copper Crane Candle Holders, the Qing Dynasty 　　/ 119

18 　清铜鹤烛台
　　Copper Crane Candle Holder, the Qing Dynasty 　　/ 121

19 　清三足铜戳灯台
　　Copper Stamped Lampstand, the Qing Dynasty 　　/ 122

20 　清子母铜蜡扦
　　Copper Candlestick, the Qing Dynasty 　　/ 123

21 　清圆座铜蜡扦
　　Copper Candlestick with a Round Base, the Qing Dynasty 　　/ 124

22 　清方座铜蜡扦
　　Copper Candlestick, the Qing Dynasty 　　/ 126

23 　清银烛台
　　Silver Candle Holder, the Qing Dynasty 　　/ 128

24 　清铜镀金嵌玉活环耳扁瓶
　　Copper Flat Bottle, the Qing Dynasty 　　/ 130

25 　清铜雕座狮
　　Copper Lion, the Qing Dynasty 　　/ 132

26 　清活盖狻猊铜炉
　　Copper Incense Burner with Lid, the Qing Dynasty 　　/ 134

27 清独角铜卧兽
    Copper Reclining Beast with a Single Horn, the Qing Dynasty   / 136

四、金银食器——清宫御用餐饮具
IV . *Gold and Silver Food Ware: Qing Palace Imperial Dining Utensils*

1   清道光款银火锅
    Silver Hotpot with Daoguang Mark, the Qing Dynasty   / 141

2   清同治款银火锅
    Silver Hotpot with Tongzhi Mark, the Qing Dynasty   / 142

3   清银镀金寿字火碗
    Silver and Gold Heated Bowl with Longevity Pattern, the Qing Dynasty   / 143

4   清万年甲子元宝式火碗
    Heated Bowl with Wannian Jiazi Mark, the Qing Dynasty   / 145

5   清八棱刻花锡水囤
    Octagonal Pewter Container, the Qing Dynasty   / 147

6   清锡托圆水囤
    Round Pewter Container, the Qing Dynasty   / 148

7   清圆形锡水囤
    Round Pewter Container, the Qing Dynasty   / 149

8   清提梁长方式银火壶
    Silver Heated Pitcher, the Qing Dynasty   / 150

9   清银扁圆形背式火壶
    Flat Silver Circular Heated Flask, the Qing Dynasty   / 152

10 清银鎏金刻花六足盘座
    Engraved Silver Stand Dish, the Qing Dynasty   / 153

11 清银鎏金刻花六足杯座
    Engraved Silver Cup Holder, the Qing Dynasty   / 155

12 清铜鎏金莲瓣圆盘
    Copper Disc with Lotus-Petal, the Qing Dynasty   / 157

13 清铜鎏金菊瓣圆盘（两件）
    Two Pieces of Copper Discs with Chrysanthemum-Petal, the Qing Dynasty   / 158

14 清镀金银碗
    Gold-Plated Silver Bowl, the Qing Dynasty   / 160

15 清乾隆款素面银碗
    Plain Silver Bowl with Qianlong Mark, the Qing Dynasty   / 161

16 清宫御用银匙叉（六件）
    Six Pieces of Silver Court Tableware, the Qing Dynasty   / 162

17 清银质錾花嵌翠玉壶
    Silver Inlaid Emerald Jade Pot, the Qing Dynasty   / 164

18 清银大执壶
    Large Silver Bottle, the Qing Dynasty   / 166

19　清银大执壶
　　Large Silver Bottle, the Qing Dynasty　　/ 168

20　清银多穆壶
　　Silver Duomu Jug, the Qing Dynasty　　/ 170

21　清龙头纹银壶
　　Silver Jug with a Dragon's Head, the Qing Dynasty　　/ 172

22　清素面长颈银酒壶
　　Long-Necked Silver Wine Decanter, the Qing Dynasty　　/ 174

23　清锡制陶胎茶壶
　　Tin Earthenware Teapot, the Qing Dynasty　　/ 175

24　清刻花银爵
　　Engraved Silver Jue, the Qing Dynasty　　/ 177

25　清刻龙纹银高足杯
　　Engraved Silver Goblet with Dragon Pattern, the Qing Dynasty　　/ 178

26　清刻葡萄纹银高足杯（一套两件）
　　A Set of Two Silver Cups Engraved with Grapes Pattern, the Qing Dynasty　　/ 180

27　清编银丝杯
　　Silver Woven Cup, the Qing Dynasty　　/ 181

28　清刻花带把银杯（一套两件）
　　A Set of Two Silver Cups with Handle and Engraved Flower Pattern, the Qing Dynasty　　/ 182

29　清烧蓝带把银杯
　　Silver Cup with Handle and Burnished Blue Pattern, the Qing Dynasty　　/ 183

30　清刻花银盅
　　Engraved Silver Cup, the Qing Dynasty　　/ 184

31　清宣统款银酒提
　　Silver Wine Carrier with Xuantong Mark, the Qing Dynasty　　/ 185

32　清银海棠式双喜茶盘
　　Begonia-Style Silver Tea Tray with Double Happiness Pattern, the Qing Dynasty　　/ 186

33　清光绪款镀金寿字茶托
　　Gold-Plated Tea Tray with Guangxu Mark and Longevity Pattern, the Qing Dynasty　　/ 187

34　清银刻寿字船形茶托
　　Engraved Silver Longevity Boat-Shaped Tea Holder, the Qing Dynasty　　/ 189

35　清银嵌珐琅团花船形茶托
　　Enameled Silver Tea Tray in the Form of a Boat with Flower Pattern, the Qing Dynasty　　/ 191

五、拥金为用——清宫生活用具
Ⅴ. *Embrace Gold for Use: Qing Palace Living Utensils*

1　清镂空团寿字三节铜火盆
　　Copper Fire Bowl with Longevity Characters, the Qing Dynasty　　/ 195

2　清镂空三节罩三足铜熏炉

Bronze Incense Burner with Cover, the Qing Dynasty   / 196

3　清带罩铜火盆
Copper Fire Pit with Cover, the Qing Dynasty   / 198

4　清勾莲纹象首足铜炭盆
Charcoal Copper Pot with Elephant and Lotus Pattern, the Qing Dynasty   / 200

5　清三象足葵花式铜炭盆
Charcoal Copper Basin with Three Elephant Feet, the Qing Dynasty   / 202

6　清白铜錾花圆形手炉
Round Copper Handwarmer, the Qing Dynasty   / 203

7　清白铜錾花长方形手炉
Rectangular Copper Handwarmer, the Qing Dynasty   / 205

8　清黄铜錾花瓜棱形手炉
Engraved Gourd and Prismatic Handwarmer, the Qing Dynasty   / 207

9　清紫铜錾花圆形手炉
Round Purple Copper Handwarmer, the Qing Dynasty   / 208

10　清紫铜雕花梅瓣形手炉
Carved Purple Copper Handwarmer with Flower Pattern, the Qing Dynasty   / 210

11　清刻花人物故事纹红铜手炉
Red Bronze Handwarmer with Engraved Floral Figures and Stories Pattern, the Qing Dynasty   / 212

12　清龙纹双耳三足银盆
Silver Basin with Dragon Pattern, the Qing Dynasty   / 213

13　清白铜刻八宝纹盆
Engraved Copper Basin with Eight Treasures Pattern, the Qing Dynasty   / 214

14　清白铜刻蝠桃团寿纹盆
Engraved Copper Basin with a Peach and a Longevity Cluster Pattern, the Qing Dynasty   / 215

15　清錾花福寿暗八仙纹铜盆
Copper Basin Decorated with a Burin Pattern of the Eight Immortals of Fortune and Longevity, the Qing Dynasty   / 216

16　清光绪款银镀金唾盂
Silver Spittoon with Guangxu Mark, the Qing Dynasty   / 217

17　清银镀金团寿字口盂
Silver Spittoon with a Longevity Character Pattern, the Qing Dynasty   / 219

18　清光绪款椭圆形银便盆
Oval Silver Commode with Guangxu Mark, the Qing Dynasty   / 221

19　清刻八宝纹长方银卧炉
Rectangular Silver Recumbent Incense Burner Engraved with Eight Treasures Pattern, the Qing Dynasty   / 222

20　清如意式铜香熏
Ruyi Style Copper Aromatherapy, the Qing Dynasty   / 223

21　清铜镀金嵌玉海棠式花盆
Copper and Jade Begonia Planter, the Qing Dynasty   / 224

22　清铜镀金点蓝菱形花盆
Diamond-Shaped Copper Pot, the Qing Dynasty   / 225

23　清铜镀金嵌料石菱形花盆
　　Inlaid Copper Pot, the Qing Dynasty　　/ 227

24　金交龙纽大钟
　　Great Bell with Golden Cross and Dragon Pattern, the Jin Dynasty　　/ 228

25　明景泰款蒲牢纽铜钟
　　Copper Bell with Jingtai Mark, the Ming Dynasty　　/ 229

26　清乾隆款蒲牢纽八卦大铜钟
　　Large Copper Bell with Qianlong Mark and Eight Trigrams Pattern, the Qing Dynasty　　/ 230

27　清浮雕番莲八卦纹铜钟
　　Copper Bell with Lotus and Eight Trigrams Pattern, the Qing Dynasty　　/ 232

六、神圣供奉——佛造像及祭祀礼器
VI . Sacred Offerings: Buddha Statues and Ritual Objects

1　明宣德款铜鎏金圣宗佛像
　　Copper Statue of Shengzong Buddha With Xuande Mark, the Ming Dynasty　　/ 237

2　清乾隆款铜释迦牟尼坐像
　　Copper Seated Statue of Shakyamuni With Qianlong Mark, the Qing Dynasty　　/ 239

3　清铜鎏金释迦牟尼坐像
　　Copper Seated Statue of Shakyamuni, the Qing Dynasty　　/ 240

4　清铜鎏金圣宗佛坐像
　　Copper Statue of Shengzong Buddha, the Qing Dynasty　　/ 242

5　清铜释迦牟尼立像
　　Copper Standing Statue of Shakyamuni, the Qing Dynasty　　/ 243

6　清铜地藏菩萨立像
　　Copper Standing Statue of Jizo Bodhisattva, the Qing Dynasty　　/ 245

7　清铜鎏金四面观音坐像
　　Four-Faced Seated Copper Statue Of Guanyin, the Qing Dynasty　　/ 246

8　清铜鎏金财宝天王像
　　Copper Statue of the Heavenly King of Wealth and Treasure, the Qing Dynasty　　/ 248

9　清铜鎏金宗克巴坐像
　　Copper Seated Figure of Tsongkhapa, the Qing Dynasty　　/ 250

10　清铜鎏金罗汉像
　　Copper Statue of Luohan, the Qing Dynasty　　/ 251

11　清金七珍、八宝（七件）
　　Seven Pieces Gold Tibetan Buddhist Ritual Objects, the Qing Dynasty　　/ 253

12　清乾隆款鎏金铜杵
　　Gilt Gold Implement with Qianlong Mark, the Qing Dynasty　　/ 256

13　清梵文铜法铃
　　Copper Bell with Sanskrit, the Qing Dynasty　　/ 257

14　清梵文镶嵌铜壶

Copper Pot with Sanskrit, the Qing Dynasty   / 259

15 清铜鎏金五供（一套五件）
A Set of Five Pieces of Gilt-Bronze Offerings, the Qing Dynasty   / 261

16 清铜镀金三足香炉
Copper Incense Burner, the Qing Dynasty   / 265

17 清乾隆款双环缠枝花纹大铜香瓶
Large Copper Incense Bottle with Qianlong Mark and Entwined Flower Pattern, the Qing Dynasty   / 266

18 清乾隆款缠枝花纹大铜烛台
Large Copper Candlestick with Qianlong Mark Entwined Flower Pattern, the Qing Dynasty   / 268

后记 Postscript   / 271

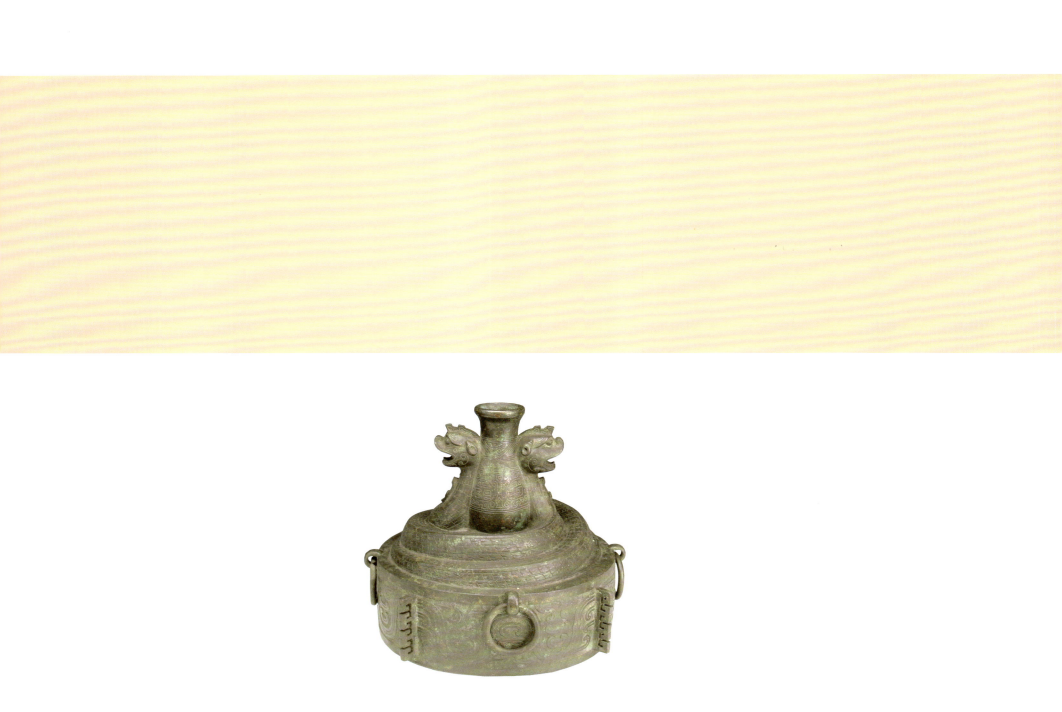

一

鼎彝宝器——古铜器与明清铜鉴

1. Ding and Yi Treasures: Ancient Bronzes and Ming and Qing Bronzes

中国自古以来就是各类金属器的生产大国，从夏商周时期的青铜器，到春秋战国、秦汉时期的铁器，再到其后的三国、魏晋、南北朝和唐、宋、元、明、清各朝，各类铜器、铁器、金银器以及合金金属器的研发、制造从未停止，金属器始终与古人的生产、生活相伴，与我们的历史发展相随，各朝各代为我们留下许许多多或精湛或粗陋的金属类传世文物。

在沈阳故宫博物院院藏文物中，也珍藏着一定数量的各代金属器，其中既有人们的生产、生活用具，又有宫廷中专门用于陈列、欣赏的礼器、陈设器。通过这些金属器，我们不仅可以了解古代金属器生产制造的工艺技术，还可以从中管窥古人的生活意趣、文化修养与艺术品位。

周铜鼎

周┃全高 18 厘米，耳高 3.5 厘米，足高 6 厘米，口径 15.3 厘米
Bronze Ding , the Zhou Period

　　周青铜礼器。鼎是周朝重要的礼器及宫廷实用器，为国王和贵族所专用，因影响巨大，后世多有收藏和仿制。此件铜鼎为考古发掘之物，品相较为完整。全器为圆鼎造型，口沿左右侧各有立耳，腹部浑圆宽大，腹上部表面制有一圈夔龙纹；底部略平，腹下部为立式三足，给人敦厚平稳之感；腹内部制有铭文。

战国三兽纽铜盖鼎

战国 | 全高 17.5 厘米，盖高 5 厘米，耳长 5.3 厘米，足高 7.5 厘米，腹径 18.5 厘米，口径 15.1 厘米
Covered Bronze Ding , the Warring States Period

　　战国青铜礼器。此鼎为战国时代典型盖鼎，范铜铸造。总体呈椭圆球状，分为上盖、下鼎两个部分；上盖铸有三兽，呈品字形，既可作为提纽，又可将上盖翻转作为三足；鼎身左右两侧制有双耳，腹下部制三足；上盖表面及鼎腹外壁一周均铸有阴刻夔龙图案。此鼎样式古朴，体现了古代青铜彝器的典型样貌。

战国青铜礼器。簋为周代代表性器型之一，亦是各代宫廷的礼器、实用器。此件铜簋范铜铸造，造型敦厚，全器呈壶状，口沿外撇，腹部浑圆，腹下部连接桶式高圈足；腹部左右两侧铸有兽头衔环耳；口沿下部及腹下部高圈足外壁均铸阴线兽面纹。此簋造型典雅，体量周正，反映古代青铜铸造工艺的较高水平。

战国铜剑

战国 | 全长 40.5 厘米，宽 3.8 厘米
Bronze Sword , the Warring States Period

　　战国实战用兵器。青铜短剑是春秋战国时代最具代表性的武器之一，其制造工艺及传世文物至今仍为上乘之作。此剑为典型的青铜剑样式，为当时的实用兵器，双刃锋利，剑面中间起棱；剑身底部连接柱式手柄，柄上另铸有双圆环，以增加柄外护手持握力。

汉云纹纽铜扁壶

汉 | 高 32.7 厘米，厚 8.2 厘米，口径 7.2 厘米，腹径 32.8 厘米，足径 4.6 厘米
Flat Bronze Pot with Cloud Pattern , the Han Dynasty

汉朝生活实用器。总体造型为扁圆形，上部小口细颈，盖顶有三朵云头，既为装饰，亦是提纽；壶肩部左右两侧各有圆环，环耳上部铸有兽面铺首装饰，小巧而富有灵趣；壶腹呈椭圆形，表面光滑无纹饰；底足为长方造型。全器看似简单，却具有较高设计创意，将实用与装饰有机结合一体。

　　宋朝祭祀器、陈设品。此件铜尊为异形器，应为祭祀酒尊或陈设器。全器范铜铸造，上部为双蛇盘踞造型，下部为圆壶形尊身；顶部造型似小净瓶，小口细颈，瓶身两侧盘靠两条大蛇，兽首蛇身，气势威猛；尊身前后左右四面各置圆形衔环，四环中间为四出脊回纹装饰；兽首、蛇身以及上部瓶身均饰阴线云纹、几何纹，尊身在回纹锦地之上，浮雕大朵云气纹，使全器更具艺术表现力。

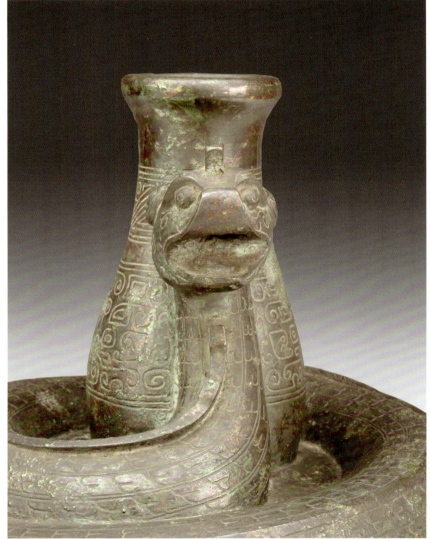

宋饕餮纹铜花觚

宋 | 高 31 厘米，口径 17 厘米，底径 9 厘米
Bronze Vase with a Taotie Pattern, the Song Dynasty

宋朝宫廷仿古陈设器。花觚是古代传统器物最常见的造型之一，最初为青铜器，后应用各种材料制作，由礼器演变为陈设器或生活实用器。此件花觚范铜铸造，总体呈主柱式，口部为大喇叭造型，向外夸张地展开，颈部变窄变细，腹部较小并有扁带状出四脊；底部加宽变为小喇叭形，并制成四出脊样式；上口外部及颈部制蕉叶形造型，其内制回纹锦地，并饰凸起饕餮纹，花觚腹部、足部亦制成相同纹饰，使全器更具古器物意味。

辽铜鬲

辽 ┃ 高 12.2 厘米，口径 17.3 厘米，腹径 17.8 厘米
Bronze Li , the Liao Dynasty

辽朝宫廷仿古器、实用器。鬲为古代传统器物造型之一，古陶器及青铜器均有较多制造，后世多仿其形。此器外形为釜锅造型，口部外撇呈喇叭口形，颈部束腰式，肩部浑圆；三足上部较宽连接腹身，下部变窄连接三立足；肩腹部至足部外侧铸有三条出脊；肩部表面铸有阳文云纹、几何纹，其下为两道弦纹，腹下部铸竖状细条纹。此器做工虽略显粗糙，但不失为仿古制器的佳品。

汉半球纽八乳钉规矩铜镜

汉 | 直径 13.9 厘米，厚 0.3 厘米

Bronze Mirror with Eight Studs and Hemispherical Knobs , the Han Dynasty

　　汉朝生活实用器、陈设品。铜镜是中国古代宫廷与民间最常见的器物之一，与人们的日常生活息息相关，它既可用于自鉴，又可作为寝居内室的陈设。此件铜镜范铜铸造，总体为圆镜形，镜面光素，背面中心铸半球纽，周围分布八个乳钉和其他阳线图案装饰；镜背有多道弦纹，自内向外依次有几何纹、卷草花鸟纹、吉语铭纹、日光纹、三角纹、缠枝花纹等。全器保存完好，镜背纹饰也十分鲜明，为难得的汉镜珍品。

六朝铜镜

六朝┃直径 11.5 厘米，厚 0.8 厘米
Bronze Mirror , the Six Dynasties

　　六朝生活实用器、陈设品。六朝系指三国至隋朝之前，先后在南京定都的六个朝代，即孙吴、东晋和南朝的宋、齐、梁、陈诸朝。此镜外形为传统的铜镜样式。范铜铸造，体量较小，镜面光素，镜背面铸有多道弦纹和其他图案，镜背中心铸半球形镜纽，自内向外依次有兽形纹、吉语铭文、日光纹、三角纹、水波纹、略大三角纹等。

唐海马葡萄纹铜镜

唐 | 直径 16.9 厘米，厚 1.2 厘米

Bronze Mirror with Seahorse and Grapes Pattern , the Tang Dynasty

唐朝生活实用器、陈设品。该件铜镜范铜铸造，镜面光素，镜背面铸有数道弦纹和其他图案，镜背中心铸有兽纽，自内向外依次有葡萄海马纹、葡萄花鸟纹、花卉纹等。此铜镜所铸图案较为复杂，反映了唐朝制器较为繁缛、华丽的装饰风格。

宋鸟兽纹铜镜

宋 | 直径 17.3 厘米，厚 0.3 厘米

Bronze Mirror with Bird and Animal Pattern , the Song Dynasty

　　宋朝生活实用器、陈设品。此件铜镜范铜铸造，镜面光素，镜背面铸有宽缘，内有多道弦纹和其他图案；镜背中心铸有圆形纽，自内向外依次有连珠纹、阳文吉语铭文、卷草纹等。此镜保存较好，图案纹饰铸制细腻精致，反映了宋朝较高的铸铜工艺。

明十二生肖纹葵式铜镜

明 | 直径 13.2 厘米，厚 0.4 厘米
Bronze Mirror with Chinese Zodiac Pattern , the Ming Dynasty

明朝生活实用器、陈设品。该件铜镜外形制成六片葵瓣式，造型新颖雅致，令人见而欢心，镜面光素，镜背面中心铸有圆环状纽，其下铸菱状心形云，外围依次铸阳线方框几何图案、十二字地支"子丑寅卯辰巳午未申酉戌亥"依次排列铭文、祥云及十二生肖图案、弦纹等；另依据地支顺序间隔排列十二枚乳钉，在方框外面十二生肖之间制有圆星光擎托的八枚乳钉。此件铜镜外形呈葵花式，所铸铭文及图案制作精细，体现了明式铜镜的制作风格与特点。

明带柄双凤纹铜镜

明 | 全长 24.2 厘米，直径 13.6 厘米，厚 0.4 厘米
Bronze Mirror with Double Phoenix Pattern , the Ming Dynasty

明朝生活实用器。古代铜镜大部分为圆镜，使用时需有镜托支撑，另有一些铜镜则带有手柄，以方便从不同角度照鉴。此件铜镜即制有长手柄，与当代手镜相同。整体范铜铸造，上部为圆形镜面，下部为长方形手柄；镜面为光滑素面，背面制成莲花瓣式内框，其间凸铸云纹、火焰珠纹和一上一下翩翩起舞的两只凤凰，反映了明人的文化品位与追求。

明家常富贵款图案纹铜镜

明 | 直径 10.2 厘米，厚 0.4 厘米
Bronze Mirror with Motifs and Jiachang Fugui Mark , the Ming Dynasty

　　明朝生活实用器、陈设品。此件铜镜为传统铜镜造型，范铜而铸，镜面光素，镜背面中心铸有圆环状纽，其外框较宽，铸有数道弦纹，自内而外依次铸有日光纹、吉语铭文和花卉纹等，其四字吉语为"家常富贵"，与花卉纹间隔排列，另外在花卉图案之间分铸四个乳钉造型，极大增加了铜镜的美感与传统文化内涵。

明崇祯二年款素面方形铜镜

崇祯二年（1629）┃边长 8.6 厘米，厚 0.3 厘米
Plain Square Bronze Mirror with Chongzhen Second Year Mark, the Ming Dynasty

　　明朝生活实用器、陈设品。古代铜镜造型多样，除常见的圆镜、多边镜、花瓣形镜外，还有方形镜、少数异形镜。此件铜镜即为正方形镜子，其正面为光滑素面，背面亦无纹饰，背面中心处铸有方柱形镜纽，柱纽顶部铸"芜湖官亨宇口前"钱形款，另外在镜背右侧长方池内铸有单行纪年款铭文："崇祯二年五月维新置。"该方镜因铸有明确纪年款而倍加珍贵。

清乾隆款仿古十枚铜镜（一套十件）

乾隆年间（1736—1795）｜每镜直径 8—10 厘米，最大一枚直径 12 厘米

A Set of Ten Pieces of Imitated Bronze Mirrors with Qianlong Mark , the Qing Dynasty

清宫生活实用器、陈设器。清朝中期，宫廷中已有西洋进口平面玻璃，甚至开始使用小规格镜子，传统铸造铜镜虽仍在使用，但已逐渐被西洋玻璃镜所取代。乾隆年间，文风盛行，清高宗弘历曾传旨，命工匠制造多组仿古铜镜，既为实用，更是为表现宫廷崇尚古风。此套铜镜即为其中一组，十镜各有名称，自成一体，分别收贮于特制锦盒内，描金题写鉴文，外套镂空木匣，再共同放置于一个大型提箱之中，体现出清宫制器的奢华与雅致。从本套铜镜所贴题签看，该套铜镜为清盛京皇宫原藏宝鉴。

之一：尚方百灵鉴。直径10厘米。外形为传统圆镜形，正面光素，背面中心制圆柱纽，纽顶部铸楷书"乾隆年制"款，背面另铸有鸟兽百灵纹、团花纹、乳钉造型、三角纹、莲叶纹、变体缠枝花纹等。所铸篆书铭文为："汉宫鉴，尚方作日，鸟翔天马跃图；百灵祛，不若吐清，辉遍台阁。"

　　之二：长宜子孙鉴。直径9.8厘米。外形为传统圆镜形，正面光素，背面中心制圆柱纽，纽顶部铸楷书"乾隆年制"款，背面另铸有长绶带组成的四向连弧图案、波浪纹、谷纹等，所铸篆书铭文为："璧月兮，兰堂耿。玉绳兮，天潢鑫斯。麟趾兮，笃其庆神。光照室兮，男子之祥。"

　　之三：舞凤狻猊鉴。直径10厘米。外形为八瓣莲花形，正面光素，背面中心制方柱纽，纽顶部铸楷书"乾隆年制"款，背面另铸有凤凰、狻猊、花鸟图案等，所铸篆书铭文为："彩凤骞翔，金猊奋迅。飐景菱花，流光月印。"

　　之四：舞凤狻猊鉴。直径10厘米。此镜与前面舞凤狻猊镜为一对，其外形、做工、图案纹饰、篆书铭文及外匣、外盒样式均一致。

　　之五：六华水浮鉴。直径9厘米。外形为传统圆镜形，正面光素，背面中心制圆柱纽，纽顶部铸楷书"乾隆年制"款，背面另铸有六角菱形、海水葡萄纹、三角纹、缠枝如意纹等，所铸篆书铭文为："含章璚树，斜临景娥。碧沼浮玉，寒香点波。空明一片，风漪绰

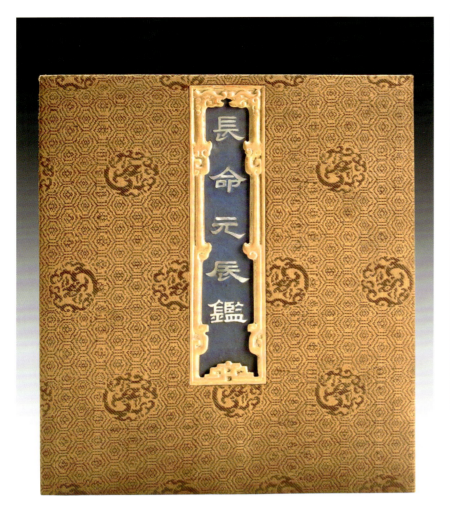
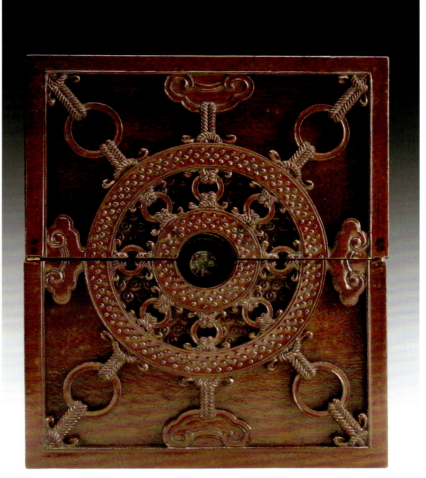

罗。神光离合，景涵秋河。"

之六：六华水浮鉴。直径9厘米。此镜与前面六华水浮镜为一对，其外形、做工、图案纹饰、铭文及外匣、外盒样式均一致。

之七：四神双螭鉴。直径8厘米。外形为传统圆镜形，正面光素，背面中心制圆柱纽，纽顶部铸楷书"乾隆年制"款，背面另铸有海水双螭纹、四神纹、三角纹、莲叶纹等，所铸篆书铭文为："四神警列分，双螭卫光。遇重瞳分，千万岁。"

之八：海马葡萄鉴。直径12厘米。外形为传统圆镜形，正面光素，背面中心制方柱纽，纽顶部铸楷书"乾隆年制"款，背面另铸有海水葡萄纹、鸟兽葡萄纹等，所铸篆书铭文为："朱光远耀，宛马从东。蒲桃苜蓿，移种离宫。柹棱金爵，凌云溯风。县黎垂棘，宝气浮空。镕金启范，万象昭融。望蟾阁上，冰轮正中。"

之九：五岳真形鉴。直径12厘米。外形为传统圆镜形，正面光素，背面制成四象隆起、五岳齐聚造型，分别在镜背上、下、左、右、中五处铸制五岳符号，表现特殊的文化理念，在隆起四岭之上分铸楷书"乾隆年制"款，背面另铸有变体缠枝花纹，所铸篆书铭文为："五岳真形，传青鸟使。大地山河，蟠萦尺咫，写象仙铜，明鉴万里。"

之十：长命元辰鉴。直径10厘米。外形为传统圆镜形，正面光素，背面中心制圆柱纽，纽顶部铸楷书"乾隆年制"款，背面另铸有十二星宿纹、十二生肖纹、团花纹、三角纹、乳钉纹及变体缠枝花纹，所铸篆书铭文为："轩辕十二，炼形神冶。璧月腾光，周天分野。"

清木柄铜镜

清 | 全长 22 厘米，直径 12 厘米
Wooden-Handled Bronze Mirror , the Qing Dynasty

清宫生活实用器、陈设品。清朝自顺治年间，于紫禁城内设置内务府匠作，专门为帝后制作御用器物，所制产品从材料到工艺，均为当时顶级特制，其造型、图案、纹饰，集千百年传统文化之大成，堪称无与伦比的宫廷器物。此件铜镜由清宫内务府所造，可称为把镜，上部为铜制光滑素面圆镜，并制有精美的黄缎彩绣双螭龙镜套。镜套中央绣有红色双喜字，外沿为深蓝色织金云龙纹镶边，因此类铜镜成组传世和收藏，故应为当时帝后大婚的专用器物。

清缠枝莲纹莲瓣形铜镜

清 | 直径 17.7 厘米，厚 0.3 厘米
Bronze Mirror with Lotus Pattern , the Qing Dynasty

清宫生活实用器、陈设品。此件铜镜外形为八瓣莲花形，正面为光滑素面，背面沿外部轮廓线制以宽边，其内为凹地阳纹；镜背面中心制有圆形组，镜组周围满饰缠枝花纹，图案复杂，枝叶繁密，总体设计优雅而柔美，体现清宫制器的高端大气；花卉周围为一圈米珠纹，米珠外侧有装饰性花瓣。

二 仿古炉尊——明清仿古铜器

II. Antique Ware: Ming and Qing Dynasty Antique Bronzes

中华文化历史悠久，唐宋以降，古代思想日臻成熟，传统文化日益丰富，并逐渐形成为世人所公认的各种体系，成为稳定社会、安定民心的基础。在上层贵族推崇下，人们更加重视古代传世文物，逐渐形成收贮、珍藏古物的尚古之风。

明清时期，宫廷贵族已不再满足在皇宫、府宅里单纯收藏古董，开始转向仿制古玩器物，或以古物为范本，进行新的研制和生产。特别是清康、雍、乾三朝盛世时期，崇尚传统、珍藏古物之风盛极一时，以皇帝为首的宫廷贵族一方面大肆收罗传世艺术品，另一方面则在制造瓷器、珐琅器、漆器、玉器和金属器等器物时，不断加入仿古内容，或从外形、纹饰上模仿，或从工艺、制造上仿造，从而生产出一大批具有古貌古风的仿古作品，亦为我们留下许多足可乱真的清宫仿古金属器。

明永乐款锦地开光夔凤纹直耳三足铜鼎

永乐五年（1407）┃ 全高 36.5 厘米，口径 26.7 厘米，腹径 29.1 厘米，耳高 7.8 厘米，足高 19 厘米
Copper Tripod with Phoenix Pattern and Yongle Mark , the Ming Dynasty

　　明朝仿古器。鼎为古代烹煮炊器，后发展为具有象征意义的礼器。宋元以来，仿古之风盛行，除铜器外，还有瓷器、玉器等，鼎也成为仿古制作的对象。范制而成，圆形，束颈，圆腹，腹部四出脊，双立耳，三兽足。颈肩部回文锦地，上饰兽面纹，腹部环纹锦地，中有四海棠形开光，内饰夔凤纹。底錾刻"大明永乐五年制造，御赏武元安坛郊德，金镶宝鼎"篆字方形款。

明饕餮纹铜簋

明 | 高 10 厘米，口径 12 厘米，底径 8.5 厘米
Copper Gui with Taotie Pattern , the Ming Dynasty

明朝仿古器。簋为盛食器，商周时期常见青铜器型。圆形，侈口，鼓腹，圈足，腹有双兽耳垂耳。颈部光素面，腹部云雷纹地上雕两组饕餮纹，环眼巨口，两兽面中央双出脊。足颈亦云雷纹地，上刻无角无足的蛇形动物纹八条，以腹部出脊下延的竖线为轴对称排列。这件铜簋纹饰雕刻生动，地纹规矩。整体造型及纹饰皆仿照商周青铜簋，尽显古朴之风。

明双兽耳铜方簠

明 | 高10厘米，长36.3厘米，宽30厘米，足高4厘米、宽23.7厘米
Copper Basket with Handles , the Ming Dynasty

　　明朝仿古器。簠为先秦时期祭祀及宴飨盛放黍、稷、稻等粮食的盛具，多有盖，与器身形制相同。最早出现于西周早期，西周末春秋初期盛行，战国晚期后消失。总体呈长方形，口外侈，折壁，腹下收，下有四矩形高圈足，微外撇，圈足四边正中有半月形缺口。腹部半圆形双夔龙耳。外口沿一周有双钩回形、圆形组成的几何纹，腹部波浪形带，上下均填抽象人面纹饰。足部一周莲瓣纹。内底有铭文3行20字，有"帝作簠"等字样。此件方簠为明朝仿古器，从口沿上两个对称的小孔推断，可能附盖遗失。

明永乐款兽耳三足炉

永乐年间（1403—1424）┃高 7.2 厘米，外口径 12.8 厘米，内口径 11 厘米
Copper Burner with Yongle Mark , the Ming Dynasty

明朝宗教用器。外形呈圆形，敛口，圆腹，
三矮蹄足。腹部双狮耳，其余素面。两道弦纹，
将腹部分隔成上、中、下三个区域，上层区域外
口沿减地长方形池内，铸有楷书"大明永乐年
制"单排横款。

明宣德款双耳三足铜炉

宣德年间（1426—1435）┃高9厘米，口径21.2厘米
Incense Copper Burner with Xuande Mark , the Ming Dynasty

明朝宗教用器。圆形，似鼎。口唇圆润，略外侈，收颈，鼓腹微折，三乳足。口上双立耳。器身光素，外底有减地阳文3行6字楷书款"大明宣德年制"。此炉造型敦厚规矩，各部位比例得当，铜质细腻，泛出微红的金属光泽，足见选料、铸造之精。

明宣德款双耳三足炉

宣德年间（1426—1435）｜全高 16.2 厘米，外口径 24.5 厘米，耳长 6.1 厘米，腹径 28 厘米
Incense Burner with Xuande Mark , the Ming Dynasty

　　明朝宗教用器。口微外撇，收颈，圆腹，三乳足，腹部双耳。外底减地阳文篆书"宣德年制"单排方款。此炉造型古朴，铜质精纯，线条凌厉。

明平斋款弓耳乳足铜炉

明晚期 | 高 7.5 厘米，口径 11.5 厘米，腹径 11.5 厘米
Incense Copper Burner with Pingzhai Mark , the Ming Dynasty

　　明朝宗教用器。造型与宣德炉相近，制于明末。口唇圆润，微外敞，收颈，扁鼓腹，三乳足，口沿上一体铸双弓形耳。底部减底阳文3行6字楷书款"平斋张氏施制"。此炉为沈阳故宫原藏。炉外光素无纹，以精良的质地和古朴的造型取胜。

明富贵款兽耳六方铜瓶

明 | 高 27.3 厘米，口径长 11 厘米、宽 9 厘米，腹径 14.5 厘米，足高 5.7 厘米
Hexagonal Copper Vase with Fugui Mark , the Ming Dynasty

明朝陈设器。总体呈六棱形，直口、束颈、弧腹、高圈足外撇，颈部双龙头形耳。瓶体纹饰复杂，但层次清晰，雕刻精美。口沿雕一周回纹，颈部三层纹饰，均于六面开光内饰几何纹及回纹，腹部各面云纹地上刻饕餮纹及如意纹等。足部海水纹。足内里有"富贵"款识。整体造型精巧，雕刻细腻。

明锦地夔纹贯耳铜瓶

明 | 高 19.8 厘米，口径 2.4 厘米，腹径 9.6 厘米，底径 6.4 厘米
Copper Vase with Kui Dragon Pattern , the Ming Dynasty

明朝陈设器。直口，细长颈，垂腹，圈足，双贯耳。造型清秀，纹饰复杂。颈部两道铜箍，分成三层：第一层规矩连续的平行四边形，每个四边形内中心有一圆凸点，四周变形回纹；第二层为连续排列的五边形回纹，形成锦地；第三层云纹形开光内满布钱纹。腹部上半部分光素，中部云纹锦地上饰夔龙及龙头纹，足外蕉叶纹。双耳满布回纹地。

明错金银凫尊

明 | 高 32 厘米, 口径 11 厘米, 底径 11 厘米

Silver and Gold Eider Shaped Zun , the Ming Dynasty

明朝仿古器。尊流行于商周, 主要用作酒器, 因沿袭古代礼制, 在后代也多有仿古制作。整体作凫形, 站立状, 昂首翘尾。背上为尊的口、颈部。撇口, 上有兽形提梁, 兽头、尾与尊口相接, 身体拉长成半圆形为梁。凫身作腹, 双蹼为足, 凫嘴为流, 后有尾。凫的颈部及背部均有连珠纹带, 内饰圆点形凸起一周及近肩部圆点凸起组成的梅花纹。腹部兽面纹, 两翼回纹。通体铜质, 提梁、腹部纹饰均错金银。

明错金银牺尊

明 | 高 28 厘米，长 36 厘米

Silver and Gold Sacrificial Zun , the Ming Dynasty

明朝仿古器。牺尊最早可追溯至战国时代，初为酒器，后成为一种礼器，通常为牛形或羊形。宋以后，多有仿制。此件牺尊整体羊形，做昂首站立状，体态壮硕，四肢丰满有力，四蹄分瓣偶蹄。双耳向后，颈有箍，背部有鸟头形活盖，身满饰错金银云纹。

清夔纹直耳三足铜鼎

清中期 | 全高 28.5 厘米，口径 10.5 厘米，腹径 16 厘米，耳长 6.7 厘米、宽 5.2 厘米，足高 10.5 厘米
Copper Tripod with Kui Dragon Pattern , the Qing Dynasty

　　清朝仿古器。圆形、硕腹、双立耳，柱形三足。颈部上下弦纹，雷纹地，四出脊，上饰八条夔龙纹两两相对。腹部雷纹地，夔龙纹，龙身有回纹、如意纹等点缀。足外侧刻双层"S"形纹饰，以弦纹带相隔，下接竖向蝉纹，每足三个，中间长两侧短。此鼎为清仿，造型端庄秀美，纹饰工整繁缛，既有仿古遗韵，又有清代风格。

清兽纽兽耳兽面纹三足盖炉

清中期 | 高 37.4 厘米，口径 21.4 厘米，腹径 32 厘米，足高 11.5 厘米
Lidded Burner with Beast Pattern , the Qing Dynasty

　　清朝仿古器。圆炉，附盖。盖形如一顶阔檐帽，腹部有镂空灵芝纹，便于香气溢出。顶部兽纽，半蹲回首状，张口翘尾。炉身盘口，直颈，双兽耳，三兽头足。颈部、腹部均回纹地，上饰夔龙、夔凤纹，线条规矩流畅。此炉造型、纹饰古朴，为清代仿先秦青铜器之作。

清直耳兽足铜炉

清中期 | 高 56 厘米，口径 31.2 厘米，腹径 40.5 厘米，足高 18 厘米
Copper Burner with Beast Pattern , the Qing Dynasty

14

　　清朝仿古器。圆形，附盖。盖周海水纹，腹部镂空两组夔纹戏火焰珠，顶部狮纽，狮子蹲坐状，巨口獠牙，口衔飘带，足踩幼狮，气势威武。炉身双立耳，束颈，圆腹，腹部回纹一周，下方四出脊，锦纹地，内有海棠形开光，开光内有夔凤纹。三兽足，足腹连接处一圈卷云纹，恰似兽首的鬃发一般，威严中陡增一丝活泼的情趣。有"大明宣德年制"篆书款。此件为清仿。

清嵌铜丝狮纽铜盖炉

清中期 | 高 10 厘米，口径 6 厘米，腹径 10 厘米
Lidded Copper Burner with Knob and Inlaid Copper Wire , the Qing Dynasty

　　清朝仿古器。圆炉，附盖。盖为镂空菊瓣，中心结成圆形，上为狮子踩绣球纽。肩部凸雕双兽头耳。硕腹，腹部以鎏金铜丝镶嵌成山水人物图案，楼阁缥缈，各种杂树错落，其间有人物、舟舸等。三矮直足。此炉造型隽秀，小巧可手，装饰新颖别致，镂空之处便于香气溢出，集艺术性、实用性于一体。

清兽面纹双耳三足盖炉

清中期 | 高 21.5 厘米，口径 14.3 厘米，腹径 24.2 厘米，足径 6.5 厘米
Lidded Incense Burner with Beast Pattern , the Qing Dynasty

清朝仿古器。分盖及炉身两部分。炉盖穹窿顶，镂空螭纽，近纽处凸莲瓣纹一周，主体镂空夔凤纹，利于烟雾的升腾。炉身敛口，硕腹，圆底，下承三兽足，肩部双螭耳。上腹部有一圆乳钉，以下三道弦纹，形成两个纹饰带。上层纹饰带略窄，内阴刻雷文；下层为兽面纹。三足粗壮，上为兽头，下足分瓣。整体铜质偏黄，造型纹饰皆仿青铜器。

清螭耳四兽足铜炉

清中期 ┃ 高 31 厘米，口长 17 厘米、宽 14.5 厘米
Copper Incense Burner with Chi Dragon and Beast Pattern, the Qing Dynasty

　　清朝生活用品、陈设器。铜炉为焚香之具，与花瓶、烛台一齐供养于佛前，为比丘十八物之一，历史悠久，集实用性与艺术性于一身，至明清时期，许多文人雅士喜爱在书斋雅卧内以铜炉焚香，以追求"红袖添香夜读书"的意境和古雅氛围，故清代仿古铜炉风靡朝野。此炉呈暗金黄色，直口，口作椭圆形，平沿，无盖，鼓腹，腹两侧饰双螭龙为耳，形象生动，螭耳栩栩如生，耳下有小勾耳，圈足外撇，下原有四兽形支足，足作三瓣内卷曲兽足形，现缺一足。肩部饰回纹，中间夹饰绳纹，腹部饰五周弦纹，圈足饰蕉叶纹。纵览全器，螭龙双耳姿态飘逸张扬，四足古重朴拙，四只足上端饰兽首，兽面环睛突出，竖耳，很有神气，增加了肃穆庄重的气氛；造型优美，纹饰精湛，弥足珍贵。

清嘉庆款铜簋

嘉庆十二年（1807）｜高 15.2 厘米，口径 19.5 厘米，腹径 23.4 厘米
Copper Gui with Jiaqing Mark , the Qing Dynasty

　　清朝生活用品、陈设品。簋本为盛食器具，亦是夏、商、周时期重要的礼器，后人多作为宅内陈设，以示对仙人及神佛的礼敬，同时也为自身祈福迎祥，或作镇宅之用。清代盛行仿古之风，对古器物加以仿制，此器铜制精良，器型敦实厚重，总体呈褐色，圆口，厚唇，鼓腹。腹两侧各置一夔龙形耳，此簋的耳部装饰十分突出，圆形的耳上部雕铸龙头，双角耸立，高出器口，耳下有垂珥。束腰，圈足外撇，下有三兽形支足。肩部以云雷纹为地，饰夔龙纹，腹部至底自上而下满饰凸起瓦棱纹，圈足亦饰夔龙纹，以云雷纹填地，外底篆款"嘉庆丁卯"字样。

清浮雕海水纹菱形四足簠

清中期 | 高 15.5 厘米，长 55.5 厘米，宽 32.7 厘米
Fu in a Rhombus Shape with Seawater Pattern, the Qing Dynasty

　　清朝生活用品、陈设器。全器由器身和器盖两部分组成，菱形器身，铜制，四边委角，四角发圆，口外侈，腹部斜收，圈足下有四短足，上有盖，盖为木制。口沿下饰一周卷草纹，腹饰细密的海水纹，足部饰云纹。簠，祭祀和宴飨时用来盛放稻谷和高粱的器具，是古代彝器的一种，簠的基本形制为长方体，盖和器身形状相同，大小一样，上下对称，合则一体，分则为两个器皿。此簠造型独特，别致新颖，纹饰精美繁密，工艺精湛，独具匠心。

清兽面纹双耳活环壶

清宫生活用品、饮具。壶是古时一种酒器，有肩，口、底都小于肚，无流，无执攀，夏商时期称尊彝，周朝时期称壶，有方壶、圆壶、扁壶、温壶之别。并规定，卿大夫使用方壶，取方正的含义；士用圆壶，取顺命为宜的含义。此壶厚唇外折，口微外侈，束颈，溜肩，圆腹，圈足外撇，肩部两侧设一对活环耳。腹部起弦两道，内饰饕餮纹，以细密的回纹为地，形成了疏密反差，突出了主体纹饰，余皆素面。此壶铜质金黄，光艳夺目，造型简洁朴实，纹饰层次分明。

清夔龙纹双贯耳铜壶

清中期 | 高 18.5 厘米，口径宽 5.6 厘米，底径长 6.7 厘米
Copper Pot with Kui Dragon Pattern and Double Pierced Handles , the Qing Dynasty

　　清宫生活用品、饮具。扁圆形体，直口微外侈，颈略短，造型类似穿带瓶，两侧有贯耳，硕腹下垂，圈足外撇，从颈部至圈足共饰四层纹饰，颈部以细密的回纹为地，并饰以朱雀纹，两两相对，形象小巧可爱，两侧贯耳饰饕餮纹，腹部以弦纹分成上、下两段，每段皆以回纹为地，饰夔龙纹，足圈亦饰夔龙纹，这种夔龙纹饰是从战国青铜器上延伸传承而来，风行千年而不衰，增加了肃穆庄重的气氛。此壶仿商代形制，商代的壶多扁圆，贯耳，圈足，纹饰精细繁缛，刻画刚劲有力，神韵优美，制作考究。

　　清朝仿古器，铜制。尊为大型或中型的高
体容酒器，铜器铭文常将"尊""彝"二字连
用，为礼器的共名。尊形似觚而中部较粗，口径
较大，也有少数方尊，形体可分为有肩大口尊、
觚形尊、鸟兽尊等三类，盛行于商代和西周。此
器为大侈口，束腰，矮圈足，整体似喇叭状，通
体镶活环装饰，摇动时发出清脆声响，全器被三
道凸起的弦纹分成四个部分，颈部饰蕉叶纹、蝉
纹，腹及圈足均以细密的回纹为地，饰饕餮纹，
饕餮纹明显继承了商代青铜器的特征。百环尊是
明清两代常见而又形制特殊的仿古铜器，此尊铜
制古旧，锈色斑斑，浑然天成，铸造工艺高超，
全器图案布局错综复杂，繁而不乱，别具匠心。

清蕉叶纹四角出脊方觚

清中期 | 高 38.5 厘米，口径 19.9 厘米，底径 12.4 厘米
Square Goblet with Banana Leaves Pattern , the Qing Dynasty

　　清朝仿古器。细高体，方形口，束腰，方圈足，自口沿至圈足四面各有突出的扉棱，上下成一条直线，颈、腹之际和腹部、圈足之间均以宽槽相隔。器口下以回纹为地，施以蕉叶纹，腹足饰卧蚕纹。此觚造型俊秀，纹饰精美。觚之器型源自西周，为酒器的一种，青铜质，喇叭形口，束腰，高圈足，为基本造型规范，此器是仿商代晚期青铜饮酒器方觚的造型而制，这种器皿到了后期，成了祭祀中的礼器，或平日做案头的陈设器。

清仿宣德款蕉叶纹出脊铜花觚

清中期 | 高 24.8 厘米，口径 12.2 厘米，底径 7.7 厘米
Imitated Xuande Period Bronze Goblet with Banana Leaves Pattern , the Qing Dynasty

　　清朝仿古器。整体呈喇叭形，器体细，长颈，侈口，束腰，近底渐外撇，浅圈足，自腹至圈足有四出脊。纹饰分三个部分，颈部有蕉叶纹，腰及足饰兽面纹，腹足间饰凸弦纹三周，交接处有二十乳钉纹饰，圈足上有对称的十字镂空一对，有"大明宣德年制"楷书圆章款。自晋代以后至前清时期，除仿制铜器选用原来的字体外，其余款识都使用楷书。此器呈黄褐色，明朝宣德年间的铜器喜欢仿照褐色，也以褐色最为贵重。此器型仿自商代晚期青铜饮酒器方觚，这种器皿后来成为祭祀中的礼器，后来演变为五供，道家人也称"五供"为"五献"。在清朝时期，按照宫廷要求，五供就是一个香炉、两个花觚、两个烛台或平日置于案头上的陈设器与花瓶，甚是雅致。此觚颜色深沉大气，造型端庄挺秀，纹饰细腻流畅，具有如古青铜器制品一般的挺括感。

　　清宫生活用品、饮具。总体呈褐色，双流无尾，流圆润，双流之间的曲口上立一对菌形柱，无錾，圆底，三柱足，爵腹一圈浮雕雷纹，底铸有"大清乾隆年制"篆书圆章款。爵多见于商周时期青铜酒器，清乾隆朝是制作仿古铜器的鼎盛时期，此器是一对古器的仿制，造型优美，纹饰大方，基本保留了原物的风貌，也融入了当时的特色与工艺，为沈阳故宫原藏。

清仿古铜兽面纹牺首觥

清中期▕ 高 25.5 厘米，腹长 26 厘米、宽 10 厘米
Ancient Style Bronze Goblet with Beast Pattern , the Qing Dynasty

清宫生活用品、饮具。觥为中国古代盛酒器，流行于商晚期至西周早期，椭圆形或方形器身，圈足或四足，带盖，盖做成有角的兽头或长鼻上卷的象头状。此器采用分铸法，即将器物各部分分别铸出，然后焊接，焊接前会将各部分的铸痕磨平，器身没有铸痕却有焊接之痕，不见垫片却有补痕。整器造型优美奇特，纹饰图案生动，器物与动物形态有机结合起来，铸造工艺精良。此觥前有宽流，下承圈足，腹鼓出，流及器体前部为牺首形，兽头鼓目曲角，巨鼻，流向上斜冲，后盖为鸟首，盖后部为鸟体大翼，后有鋬。腹部饰兽面纹，以细密的回纹填地，兽头、把手、圈足皆饰夔纹。

清朝承袭明朝封建制度，建立严格的礼
仪制度，宫廷中大量制作和使用各种材质的
礼制器物、生活器具。为更好地造出精美、
实用的御用器物，康熙元年（1662），清圣
祖玄烨传旨复建内务府，以专门管理皇家事
务。当时，内务府所辖营造司下设有铁作，
曾设置有各类手工作坊，以奉旨制作及造办处之下，
廷器具，如内务府所辖营造司下设有铁作，
广储司下设有铜作、银作等，以专门生产清
宫铁器、铜器、锡器和金银器等金属器皿。

清宫所制造的礼仪性金属器具，因帝后
御用而属于国之宝器，它们也成为皇权的象
征。此类金属器包括用于御前的各类礼器，
如皇帝、皇后御用『金八件』中的提炉、
瓶、盒、盆、盂等；另外还有专门用于殿上
陈列的礼制陈设器，如铜质角端、太平有象、
熏炉、香筒、蜡台等。这些金属制清宫礼仪
用具，采用当时最好的原材料和制作工艺，
代表了其时金属制造的最高水准。

乾隆年间（1736—1795）┃全高 20 厘米，口径 16 厘米，提链长 41 厘米
Copper Incense Burner with Eight-Trigram Pattern , the Qing Dynasty

　　清朝皇帝御用礼器，为御前卤簿仪仗器物之一。提炉为一对，均以铜鎏金工艺制造。盖顶上部为圆纽，满饰云朵纹，纽下有莲瓣纹；盖面镂空八卦文字，下部边缘錾夔龙纹、云纹；炉为敞口形，炉身錾云龙、火焰、海水等图案，肩部安有三个炉耳和活环，活环连接三条提链，链上部承以一块如意云头形铜板，再衔环于提杆之上；炉身下部为象首形三足，造型生动。提炉为清帝御前仪仗中的重要器物，非天子莫属，凡皇帝出行均于仪仗前左右引导，成为封建帝王的象征之一。此炉纹饰华丽，做工精美，反映出清乾隆时期高超的金属制造水平。

清云龙纹兽面活环铜盖罐

清晚期 | 全高 47 厘米，口径 16 厘米，底径 20 厘米
Lidded Copper Jar with Beast Pattern , the Qing Dynasty

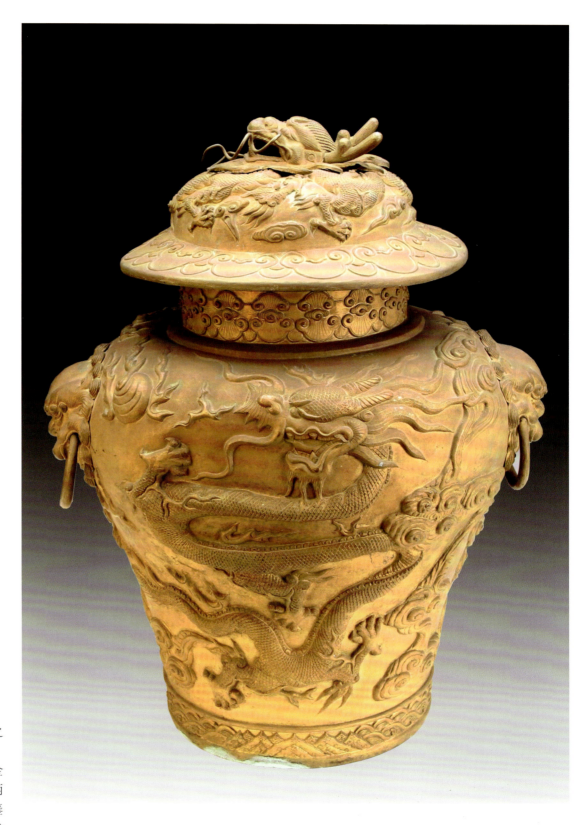

　　清朝皇帝御用礼器，为御前卤簿仪仗器物之一。按照清宫定制，帝后御前仪仗有八件金器，所谓清宫"金八件"，分别为：金提炉两件、金香盒两件、金盥盆一件、金水盂一件、金瓶两件。此件盖罐即为其中的金瓶之一。全器以铜鎏金工艺制造，外形类似于将军罐。顶部为斗笠式罐盖，圆顶宽沿，最上部有龙头造型，表面饰浮雕龙纹，盖沿为如意云头纹；罐颈部较细，亦饰一圈如意云头造型；罐身前后面各浮雕升龙戏珠图案，罐身左右侧各有凸出兽面铺首，口衔圆环，形成活环罐耳；罐下部饰一圈海水江崖纹。全罐体量较大，纹饰精美，尽显皇帝御用礼器的至高威仪。

清铜镀金双龙纹菊瓣盆

清晚期 ┃ 高 18 厘米，口径 48 厘米
Copper Chrysanthemum-Petal Shaped Basin , the Qing Dynasty

　　清朝皇帝御用礼器，为御前卤簿仪仗器物之一。此盆为清宫"金八件"之金盥盆，最初具有实用功能，后来演化为宫廷礼仪用器。全盆以锤揲、錾镌等工艺制成，总体呈脸盆造型，均以十二菊瓣制口沿、盆身及盆底外形；盆内制圆雕二龙戏珠，底部为海水江崖之形状；盆口部为较宽折沿，沿面之上凸饰轮、螺、伞、盖、花、罐、鱼、长八宝纹以及笔、锭、双胜、如意等吉祥图案，共计十二种。全器制作略显粗糙，反映清朝晚期宫廷制器已从精致转向循例，逐渐失去完美的品质。

清金提炉

清前期 | 高 11.8 厘米，盖高 8 厘米，口径 12.5 厘米，腹径 16.9 厘米
Gold Incense Burner , the Qing Dynasty

清宫祭祀礼器，为皇室成员供奉于佛教寺庙的法器。炉为纯金制成，上盖镂空透雕缠枝花卉纹，顶部为桃形圆纽，纽下及盖口边缘均为莲瓣纹饰；炉口边刻缠枝花卉纹，腹部突出呈圆弧形，刻有三龙赶珠、海水流云图案。炉底部为三乳足式，中空；炉肩部安三个炉耳，各有圆环，上穿系三条银质长链，链顶部固定一处，另安有长柄提杆。此件提炉原属皇家寺庙，后移入沈阳故宫收藏，经国家文物鉴定委员会确定，为沈阳故宫博物院国家一级文物。

清雕龙纹带链三足银盖炉

清中期 | 炉全高 21.5 厘米，口径 12.4 厘米，腹径 20 厘米
Lidded Silver Incense Burner with Dragon Pattern , the Qing Dynasty

清宫后妃所用礼器，为宫廷仪仗器物之一，应由后妃专门使用。炉为纯银制成，分为上盖、下炉两体，盖面镂空透雕缠枝花卉纹，顶部安有桃形圆纽，纽下及盖口处装饰莲瓣花纹；炉为鼓腹，肩部一周刻有三龙赶珠、海水流云图案；炉腹下部制圆花图案；炉底为三乳足式，中空，炉肩部安三个炉耳，各衔圆环，环上穿系三条银质长链，链顶部固定于一环之上，另配有长柄提杆。

清银提炉

清中晚期 | 炉高 5.5 厘米，盖径 11.2 厘米，底径 9.5 厘米，链长 40.8 厘米
Silver Incense Burner , the Qing Dynasty

清宫后妃所用礼器，为宫廷仪仗器物之一，应由后妃专门使用。炉为纯银制成，表面多有氧化灰黑色；分为上盖、下炉两体，盖面微凸，镂空透雕卐字绵长图案，以子母口盖于炉口；炉身矮小浑圆，炉腹外凸，底部为平底；炉背部安有三环组，分别系挂银质长链，再以长杆手提，前行于后妃仪仗之前，起引导、宣威作用。

清金壶

清早期 | 全高 17.8 厘米，口径 2.2 厘米，底径 8 厘米
Gold Pot , the Qing Dynasty

　　清宫祭祀礼器，为皇室成员供奉于佛教寺庙的法器。此壶为纯金制成，长口颈，圆腹，长弯曲壶嘴。口部及短颈为直筒式，口下部有伞状圆形盖，靠颈部錾莲瓣纹，外沿为大朵缠枝花卉图案，壶颈下部有一圈凸棱；壶腹为圆形，表面光素无纹饰；壶身一侧为龙首衔流，龙纹雕刻细致，细长的壶嘴弯向外侧；壶底部为圈形足，微向外撇，表面满饰缠枝花卉图案。此壶原属皇家寺庙，后移入沈阳故宫收藏，经国家文物鉴定委员会确定，为沈阳故宫博物院国家一级文物。

清铜镀金甪端（一对）

乾隆年间（1736—1795）｜ 高 42 厘米，腹宽 25 厘米
A Pair of Copper Luduan Incense Burners , the Qing Dynasty

　　清宫殿堂陈设礼器，为皇帝宝座前左右对称放置的熏炉。一对两件，其材质、做工、造型均一致，以铜镀金工艺精心铸造而成。外形为瑞兽形象，是传统神话中的祥瑞之兽，因常伴明君而为宫廷所重。传说它日行万里，通四夷语言，具有惩恶扬善之德，凡皇帝、大臣等犯有罪恶，必以头顶独角相抵，因而深受百姓喜爱。在清宫大殿及后宫议事处，均要成对摆放甪端，在其腹内放置熏香，既可燃香美味，又可在宫殿内制造烟气缭绕的氛围，故受到各代君王的重视，一直被放置在皇帝宝座前端。

清乾隆款鎏金铜甪端（一对）

乾隆年间（1736—1795）┃高 34 厘米，长 30.5 厘米，宽 18 厘米
A Pair of Copper Luduan Incense Burners with Qianlong Mark, the Qing Dynasty

　　清宫殿堂陈设礼器，为皇帝宝座前左右对称放置的熏炉。一对两件，其材质、做工、造型均一致，范铜铸造而制，表面镀金打磨，熠熠生辉。总体为瑞兽造型，昂首而望，身体浑圆，头顶长有独角，狮虎头形，两眼圆睁，口部大张，舌尖微翘，须发飘飘；前胸及四肢部分装饰鱼鳞纹，四肢上部饰火焰纹；四足挺立，气势刚劲，底部四爪类似龙爪；其下颌至胸部制有长柄纽，可连接头部向前开启，以便由颈部向腹内放入燃香。熏炉设计巧妙，一器多能，反映宫廷制器的独特构思。

清铜镀金嵌石料蟠龙香筒（一对）

乾隆年间（1736—1795）┃高 104 厘米，底径 23 厘米
A Pair of Copper Inlaid Stoneware Incense Burners , the Qing Dynasty

　　清宫殿堂陈设礼器，为皇帝宝座前左右对称放置的香筒。一对两件，其材质、做工、造型均一致，范铜铸造多个组件，外表镀金打磨，再按照固定样式进行组装。总体为镂空立柱式，其上部为重檐亭子式结构，亭顶部镶有白色宝珠，垂脊飞檐之下悬挂铃铛；香筒中间为云龙造型镂空直筒，筒壁留有多处孔洞，香烟可由筒内溢出；筒下部为带栏杆须弥式底座，直筒及底座表面均錾刻花纹，并镶饰绿松石。香筒端庄大气，颇具皇家宫廷的奢华风范。

清六角重檐顶镂空六角香筒（一对）

乾隆年间（1736—1795）｜高 106 厘米，底径 21.5 厘米
A Pair of Hexagonal Incense Burners , the Qing Dynasty

清宫殿堂陈设礼器，为皇帝宝座前左右对称放置的香筒。一对两件，其材质、做工、造型均一致，此对香筒范铜铸造，总体呈镂空立柱式，顶部为重檐亭子式结构，亭顶铸瓜棱状宝珠顶，垂脊飞檐制成龙首回望形；香筒中间为云龙造型镂空直筒，筒壁之上留有多处孔洞，使筒内香烟可以自内飘散；筒下部为带栏杆须弥式底座，直筒及底座表面均錾刻花纹。此对香筒虽因岁月沧桑而略显灰暗，但仍不失宫廷高贵气象。

清六角形铜鎏金龙柱香亭

乾隆年间（1736—1795）┃全高 63.5 厘米，上盖每边长 15.5 厘米
Hexagonal Copper Incense Burner , the Qing Dynasty

　　清宫典礼陈设器，通常于亭内放置果品等物。此类香亭为成对摆放，放置于庆典宴桌或祭祀供桌之上，其中所放果品可供陈设或食用。全器范铜铸造，总体呈镂空亭子式，亭顶部铸有镂空盘龙顶饰，顶面饰仿松叶绿顶，垂脊制成行龙造型；亭柱为弯曲盘龙柱，因自带弧度而增加美感；亭下部为带栏杆底座，底部为须弥式镀金座体，底座栏板与亭上部护板均采用蓝色珐琅镀金工艺，并镶嵌有红蓝宝石，使整件器物显得金碧生辉。

清铜镀金嵌玉亭式香筒

乾隆年间（1736—1795） | 全高 64 厘米，上盖每边长 14 厘米
Copper Incense Burner in a Pavilion Shape, the Qing Dynasty

清宫陈设器。此类香筒为成对摆放，通常放置于内廷室内或祭祀佛堂等处。全器以铸铜、玉石、珐琅等工艺复合制成。总体呈六角亭子式，亭顶部为重檐蓝色屋顶，最上部装饰六面粉色碧玺宝顶，两层垂脊均制成镀金行龙造型；六根亭柱盘有金龙，亭子各面为暗绿地描金龙纹，底部为填珐琅须弥座式，全亭上下护板、围栏多以铜铸金花、白玉透雕材料制成，反映出皇家制器的精致与奢华。

清镂空盖花鸟纹四方铜熏炉

清中期｜全高 93 厘米，盖高 41 厘米，足高 12.5 厘米，口径长宽均为 81 厘米
Large Lidded Copper Incense Burner with Flower and Bird Pattern , the Qing Dynasty

　　清宫实用器、陈设器，用于宫殿内放置炭火和熏香。熏炉通常成对摆放，大型熏炉既可用于冬季室内取暖，亦可于炉中放置香料，起到焚香散气功用。全器体量较大，范铜铸造，总体分为上盖、下炉两个部分，上部为方形镂空顶盖，自上而下呈逐级加宽格局，盖顶为方圆形镂空花鸟纹宝珠纽，顶面镂空制各式花鸟纹以及行龙、狮子、锦鸡等图案；炉口部有宽大折沿，呈长方委角式；炉身亦为长方形，炉腹较深，四壁均制委角开光式造型，内有浮雕佛手、牡丹等花卉图案；左右两侧制兽面铺首衔环，以便临时抬取熏炉；炉四角底部安有兽头四足，四平八稳，宫中实用。

清四牛盖象足大铜熏炉

清中期 | 全高 76 厘米，足高 27.2 厘米，口径 69.7 厘米
Large Lidded Bronze Burner with Ox and Elephant Pattern, the Qing Dynasty

　　清宫实用器、陈设器，为宫殿内烧炭燃香的熏炉。此炉为一对两件，成对放置于宫殿之内，起取暖作用。熏炉器大体重，范铜铸造，外形古朴，具有仿青铜器意味。总体为圆形，分为上盖、下炉两个部分，上盖顶部为镂空花卉纽，其下盖面为镂空八卦纹，盖面满铸锦地回纹，上部圆铸四头卧牛，昂首远望、双角犀利，十分传神；炉口沿外撇，下部内敛，腹部外凸，形成两道弦纹，表面亦满饰锦地回纹；腹下部内敛，制浮雕蕉叶状兽面纹；炉底为象首三足，沉稳敦厚。

清双耳三足兽纽木盖圆形铜炉

清中期 | 全高 55.4 厘米，炉高 39 厘米，口径 27.5 厘米
Copper Incense Burner with a Wooden Cover , the Qing Dynasty

　　清宫实用器、陈设器，是宫廷中燃香的熏炉。此炉为成对摆放，因其炉盖为木制，故主要用于燃香。总体呈圆形，分为上盖、下炉两个部分，上盖以木雕制成，炉身范铜铸造。上盖顶部为镂空双狮纽，其下为回纹圆台；盖面镂空八卦纹，以便香气溢出，盖沿线刻回纹；炉口沿外撇，外沿亦制回纹，口部左右两侧制绳纹双耳；炉腹呈桶式，外壁浮雕一圈长寿字，上下各饰乳钉纹，腹底部制一圈如意云头纹；炉底为鬲形中空三足，足腹突出，表面铸以花卉、卷云纹，足下部变细外撇，形成稳定的炉体造型。

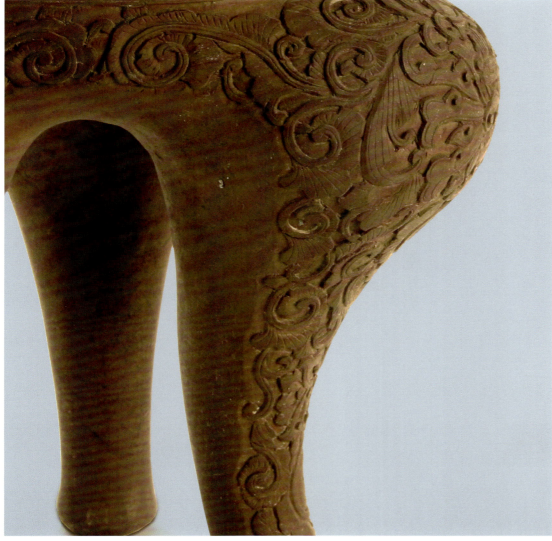

清铜鹤烛台（一对）

清中期 | 全高 133 厘米，底座高 18 厘米，底座长 40 厘米、宽 32 厘米
A Pair of Copper Crane Candle Holders , the Qing Dynasty

清宫实用器、陈设器，亦为宫中殿堂礼制器物。全器范铜铸造而成，总体呈立鹤口衔荷花造型。最上部为荷叶形灯盏，中央安有蜡扦；灯盏下为长柄荷梗，由仙鹤口衔直立，以加高烛台高度，鹤首侧向一面，长颈与荷梗形成支点，设计巧妙；仙鹤翎羽细密，双腿较粗，起到稳定支撑作用；鹤足下部为海水、江崖造型，以此寓意江山一统的统治理念。

清铜鹤烛台

清中期 | 全高 131 厘米，底座高 20 厘米
Copper Crane Candle Holder , the Qing Dynasty

　　清宫实用器、陈设器，为殿上陈设的皇家礼器。烛台为成对摆放，范铜铸造，总体为仙鹤口衔荷花造型，既有艺术观赏功能，又具实用价值，更是清宫中象征礼制的组合器之一。最上部为荷叶形灯盏，盏中安置蜡扦；灯盏之下为长条状荷柄，仙鹤侧首口衔，高擎荷灯，颇具传神意味；仙鹤腹内中空，可放置燃香，其双翅单体铸造，形成鹤身上部之盖，体下双腿一前一后，以足底支杆插入下部海水、江崖基座之中。

清三足铜戳灯台

清中期 | 全高 92 厘米，底座高 18 厘米、宽 28 厘米
Copper Stamped Lampstand , the Qing Dynasty

清宫实用器、陈设器。此件烛台为成对摆放，范铜铸造，总体呈立杆式，主体为较粗大的圆杆；顶部制有蜡扦、小灯盏，中间为圆盘状托盘，其下为方形提手，底部为圆弧形底座和带状外撇三足。全器造型简洁，方便实用，应为宫廷早期至中期的实用灯架。

清中晚期 | 全高 52.5 厘米，宽 42 厘米
Copper Candlestick , the Qing Dynasty

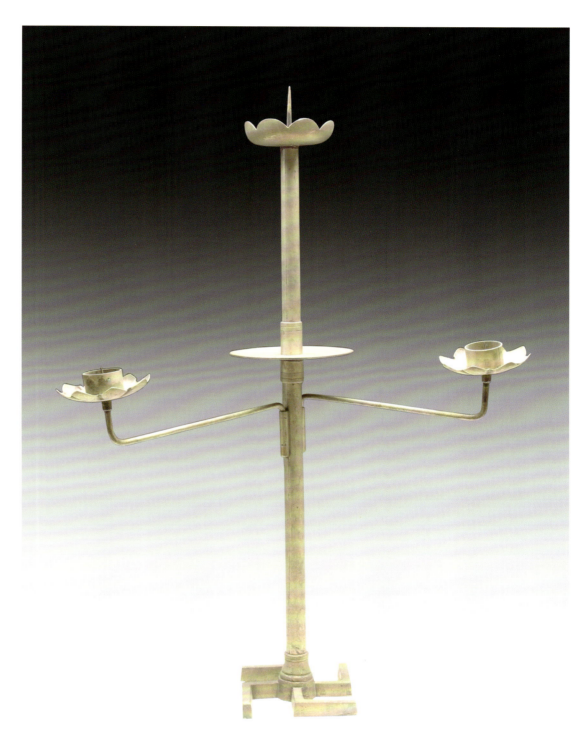

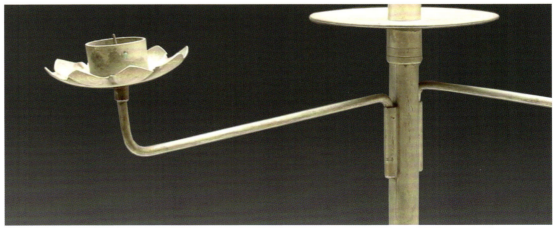

清宫实用器、陈设器。该件烛台为成对或成组摆放的照明用具，以铜材打造而成，表面镀金。总体呈立杆枝杈状，主体为较粗大的圆杆，上部制有蜡扦和莲花状托盏，中部制有圆形托盘，托盘下左右两侧制双管，可插入向外伸展的横向支杆，支杆前端各制烛托及莲花状托盏，两侧横杆可按需调整角度，方便灵活；立杆下部为套管制成的卍字形底座，安插蜡扦后平稳直立，简洁美观。

清圆座铜蜡扦

清中期 | 全高 32.8 厘米，灯盏径 9.2 厘米
Copper Candlestick with a Round Base , the Qing Dynasty

清宫实用器。此件蜡扦为清宫原藏照明灯具，由铜材铸造组装而成。总体呈圆塔式造型，一侧以半圆筒材制成防风围挡，可有效防止烛火被风吹灭；全器呈上下双碗式结构，顶部为蜡扦、小灯盏，中间为圆形盛碗，下部束腰式，底为钟状碗座。全器看似古朴，却能发挥较好防风作用，体现宫廷制器的优良设计。

清方座铜蜡扦

清中晚期 | 全高 24 厘米，底宽 11 厘米
Copper Candlestick, the Qing Dynasty

清宫实用器。该件蜡扦为清宫所藏照明灯具，可成对或成组使用，由铜材打造组装而成。总体呈方塔式造型，又似古代旗杆式结构，上部置蜡扦和方形刁斗，中间为方棱立柱，立柱两侧安有回纹装饰；下部为方形塔基式底座。全器造型新颖，别具装饰效果。

清银烛台

清中期 ▎高 9.4 厘米，足高 5.8 厘米，口径 10.9 厘米，足径 8 厘米
Silver Candle Holder , the Qing Dynasty

清宫实用器。此件烛台可成对或成组使用，由银材打造组装而成。总体呈高足盘造型，上部为直壁圆盘，盘口外撇；中间由细颈相承，下部为钟状高足，足下部外撇呈喇叭形，以增加底部稳定性；全器光素无纹饰，与藏传佛教酥油灯外形相似，应为宫中常用的照明灯盏。

清铜镀金嵌玉活环耳扁瓶

乾隆年间（1736—1795）| 高 27.5 厘米，口径 6 厘米，底径 6 厘米
Copper Flat Bottle , the Qing Dynasty

清宫御用陈设品。此瓶由铜镀金、嵌白玉工艺制作，为帝后御用陈设品。全器外形华丽，做工考究，全瓶为传统方瓶样式，方口、方腹、方足，表面錾制繁密的缠枝花纹，原填有点翠蓝地，瓶口外沿为回纹，其下为如意云头图案；瓶肩部、底沿上部亦制如意云头纹；颈部内敛，左右两侧制兽面铺首，口衔白玉圆环；瓶腹前后两面中央处錾双钩双喜字，内嵌珊瑚珠，双喜字四角分别錾刻八宝图案，嵌白玉八宝造型，金玉满堂，尽显皇家富贵；瓶底部制蕉叶图案，底沿为回纹。

清铜雕座狮

清早中期 | 高 48.2 厘米，长 53 厘米，宽 25 厘米
Copper Lion , the Qing Dynasty

清宫陈设品。全狮以铜材一次性浇铸而成，外形为一只巨头母狮，四爪锋利蹲立于地。母狮头上满饰螺髻，双耳低垂，口部微张，胸前悬挂铃铛，身体缠绕飘带，右爪轻抚绣球，尾部向上微翘，其肩部及后腿部各趴伏一只小狮，为古代传统的"太狮少狮"造型，寓意子嗣昌盛、顺意吉祥。

清活盖狻猊铜炉

清中期 | 高 33.5 厘米，长 22 厘米，宽 13.3 厘米
Copper Incense Burner with Lid , the Qing Dynasty

清宫陈设品。全器为古代传统瑞兽狻猊造型，头部与身体分别浇铸而成，以颈下圆组连接相扣，腹内中空，直通咽喉，既是宫廷陈设用器，又可作为香炉。其头顶长有独角，头部外形类似于狮子，双眼突出，巨口微张，鬣鬃长垂；身体浑圆，制有流云图案，四腿侧后装饰尖状祥云，象征其具有风驰电掣的奔行神力，为宫中常见的吉祥瑞兽。

清独角铜卧兽

清中晚期 | 高 120 厘米，长 116 厘米，宽 54 厘米
Copper Reclining Beast with a Single Horn , the Qing Dynasty

清宫陈设品，为放置于宫前殿外的镇宅瑞兽天鹿。此件独角卧兽为成对摆放，全器为整体一次性浇铸而成，造型为古代传统天鹿样式，昂首引颈，双目圆睁，两耳后展，头顶长有独角，四肢蜷卧，尾部微翘；天鹿身下为莲瓣造型的长方形卧具，长莲高擎，其意雅洁。

四

金银食器——清宫御用餐饮具

IV. Gold and Silver Food Ware: Qing Palace Imperial Dining Utensils

清宫御用餐饮用具为帝后、妃嫔和其他皇室成员在宫内就餐、饮茶所使用的专用器皿。此类餐饮器具不仅种类繁多，其材质也较为多样，除有瓷器、漆器、珐琅器、玉器外，还有数量较多的金属器皿。从清宫金属器具品种看，它们有火锅、火碗、火盆、火炉以及碗、盘、碟、杯、盅、匙、勺、壶、盒等。

清宫所造金属类餐饮器具，经常采用金、银和优质铜、锡等材质制成，它们以范铸、锤揲、錾刻、累丝、镂空、拉伸等工艺加工制成；另外在金属器表面，还会辅以鎏金、镀金、错金银、烧蓝等技术，使得器物表面华光璀璨，更具华丽装饰性，突出了金属的质感和特殊表现力。

清道光款银火锅

道光十二年（1832）｜高 10.8 厘米，口径 21.6 厘米，底径 15.2 厘米
Silver Hotpot with Daoguang Mark , the Qing Dynasty

　　清宫饮食器具。火锅由盖、锅和炉圈三部分组成，起棱圆形锅盖，顶部中空，四等分乳钉，其中两个相对乳钉上穿带弓形双提梁。使用时将双提梁分置两侧正好搭在另外两个乳钉顶端，可避免直接接触锅盖，防止使用时被灼伤。锅身银质，锅内中间一圆柱形炭炉，炉口直接伸出盖顶中心，既可作为送炭口，也可排烟。炭炉底部一层镂空隔板，炭火燃烧后，剩余炭渣可直接落入底部炉圈内，方便清洁。锅身两侧各有乳钉三个，并有如意形手提环。底部炉圈与锅身相连，平底，两侧有如意形出风口，用于清除炭渣。锅底刻单行款"道光十二年成造""重四十八两一钱七分五厘"，下为阳文"明强"戳记。

　　火锅是清宫中常见烧煮食物的饮食器皿，亦称热锅，其质地有银镀金、陶瓷、铜、锡等种类，沈阳故宫馆藏此类器物较多，如火锅、火碗等，可用于烧煮或温食，该火锅为清宫原藏，有明显的使用痕迹。

清同治款银火锅

同治十一年（1872）┃高 12.4 厘米，口径 20 厘米，底径 15 厘米
Silver Hotpot with Tongzhi Mark, the Qing Dynasty

　　清宫饮食器具。火锅由盖、锅和炉圈三部分组成。盖为铜质，顶部中空，铜盖折沿处有乳钉六个和弓形双提梁。使用时双提梁分置两侧正好搭在另外两侧的乳钉顶端，避免与锅盖直接接触而被灼伤。锅身银质，锅内中间有一圆柱形炭炉，炉口直接伸出盖顶中心，可做送炭口及排烟所用。炭炉底部镂空，炭火燃烧后，剩余炭渣可直接落入底部圈内。锅身两旁各有三个乳钉及如意形手提环。炉圈较高，一侧有海棠形出风口，可清除炭渣。锅底刻有"同治十一年""原物回打""重四十八两一钱七分五厘"竖排直款3行。该火锅为清宫饮食器具。同治十一年由内务府将原有磨损严重的银器进行重新打造制成新器。因此"原物回打"为银器的"毁造"标志。

清银镀金寿字火碗

乾隆年间（1736—1795）┃口径 14.8 厘米，底架高 7.4 厘米
Silver and Gold Heated Bowl with Longevity Pattern，the Qing Dynasty

　　清宫饪食器。银质镀金制成，火碗由带盖碗、底部支架及酒精小碗三部分组成，是清宫御膳食用火锅时所用器皿之一。盖顶饰镀金宝珠，其下为须弥座；盖面有多层、多组镀金"寿"字，盖口沿为镀金回纹；碗口沿有镀金回纹和小如意头纹，腹壁有九个略大的镀金"寿"字；碗底为三足支架，附如意头护腿；架底部中央托起一个酒精小碗，进食时即可点燃保温。

清万年甲子元宝式火碗

乾隆年间（1736—1795）｜全高 24 厘米，碗长径 22 厘米、高 12 厘米，架高 9 厘米
Heated Bowl with Wannian Jiazi Mark , the Qing Dynasty

此碗为清宫专用餐炊器具。为银合金制成，外形呈椭圆元宝形状，可分为碗上盖、衬碟、火碗、碗架、酒精小碗五个部分；碗盖为椭圆弧形，上部有元宝形盖纽，纽顶为层层螺旋纹；盖表面刻有四个圆形图案，内有"万""年""甲""子"四个双钩汉字；衬碟亦为元宝式造型，实为盘式盛器；火碗深腹，前后两侧向内凹进，底为平底，刻有"连碟、盖、座二两平共重五十两零九钱五分"字样；碗架由四个弯曲如意相连组成，碗托为圆环形，面刻团寿字、蝙蝠图案，如意头部分刻阳文"吉""祥""如""意"四字；架底四足交叉中心，安有一个小火碗，用以盛装酒精加温。

　　清宫温食器具。该水围由盖、碗、托盘三部分组成。盖沿与器身为八棱形，盖穹顶，顶端一半卧状小兽为纽，盖面等分六处开光，器身满刻鱼子纹地以及各种花卉图案。器身两侧双兽耳衔环。下承四足，呈蕉叶形，錾刻叶脉纹装饰。该水围圆碗深腹，斜壁，用于盛放食物。该水围圆碟设有圈足，可直接放置平面使用。将热水注入托盘内，热水可随时更换，以持续保温。此水围整体构造巧妙，造型美观大方，是清宫锡器制品中的佳品。

清锡托圆水囤

清中期 | 全高 17 厘米，口径 23 厘米
Round Pewter Container , the Qing Dynasty

清宫温食器具。该水囤由盖、碟、托盘、底托四部分组成，通体光素。盖面光素，盖纽高耸，上宽下窄呈桶状，底部折沿。碟浅腹，圈足，可直接做圆碟使用，用于盛放食物。碟与托盘留有足够空间，盛放热水可以温食。托盘两侧各两枚乳钉连接如意形提耳，底托镂空一周卍字纹，底托设计既美观又隔凉。此类器物为用来保温食物的盛具。

清圆形锡水囤

清中期 ▎全高 17 厘米，口径 17.9 厘米，底径 11.5 厘米
Round Pewter Container , the Qing Dynasty

　　清宫饮食器具。该水囤由上盖、衬碗、双耳囤三部分组成。整体光素，盖纽上宽下窄呈圆桶状，便于提拿，底部折沿。衬碗为深腹，圈足，用于盛放食物。器身斜腹，两侧有兽耳衔环。从水囤的构造来看，可将热水注入水囤内，使衬碗上的食物持续保温，水囤内热水可随时更换，以保持食物温度，既实用又科学。

清提梁长方式银火壶

清中期 | 高 14 厘米，全长 23.7 厘米，宽 12.7 厘米
Silver Heated Pitcher , the Qing Dynasty

清宫温水器具。该火壶为扁长方体，配长方形提梁，通体光素，在火壶顶部一角处铸一短流，口部有带链嘴盖，卫生、保温。火壶顶部设有两处等大的圆形开口，各附一圆形纽银盖，与一侧提梁根部用银链连接。其中靠近短流的圆形口为送炭口，另一个为注水口。送炭口下面连接圆柱形内胆，内胆与外壶之间有较大空间，用于盛装热水，经内胆炭火燃烧达到保温作用。器身内胆底部镂空，与器身正面圆形出炭口相通，可清除剩余炭渣，外有一片带链圆形透雕荷花嵌入式封盖。该火壶原藏于北京故宫，使用痕迹明显，构造巧妙，造型简洁大方，是清宫中用来温热饮品的实用器。

清银扁圆形背式火壶

清中期 | 全高 39.5 厘米，宽 30.5 厘米
Flat Silver Circular Heated Flask , the Qing Dynasty

　　清宫温水器具。该火壶造型独特，使用方式独特。壶身呈扁圆形，通体光素，正上方壶口为圆形，口部较小，盖纽为小圆柱形，纽与器身有银链相连。盖面有三圈等大的小圆孔可散热、通风，盖与壶口有扣别以供开合。该壶口为送炭口，可由此将炭放入壶身内腔。壶身外面为正圆形，一侧有短流，壶嘴封盖仅留一椭圆形出水孔，另一侧有竖直壶柄。壶柄中空，顶部为穿形盖，盖面为五组梅花形等大的小圆孔用来散热。壶盖下有一锥形榫，插入壶口。该壶口为注水所用，留存于壶身内腔与外壶之间的空间。壶身正面有一门形出炭口，壶身内腔底部镂空，与出炭口相连，可直接取出剩余木炭，出炭口外有一片嵌入式封盖，盖面有由细孔组成的三角形和长方形的图案，盖顶一银链与器身相连。器身两侧设有十余个金属件，用以固定银链及火壶使用时穿系背带。该火壶为清朝宫廷中用来温热水的器具，其扁圆的器形与内部构造设计巧妙，为清宫原藏。

清银鎏金刻花六足盘座

清中期 ▎全高 13.4 厘米，盘径 17.8 厘米，底径 9.1 厘米，足高 9.7 厘米
Engraved Silver Stand Dish , the Qing Dynasty

　　清宫餐饮盛器。盘座由托、盘、座三个部分组成，通体鎏金，托为大撇口，内侧口沿刻一圈卷云纹，外侧二龙戏珠纹饰。盘心耸出一撇口高台，高台承酒杯，底部錾刻海水江崖，盘为卷口，折沿处刻回纹，盘内暗刻二龙戏珠纹。底座呈香几状，拱肩錾刻二组二龙戏珠纹，栩栩如生。六足呈三弯腿式，上凸、下收、圆足外翻，圆珠式足，带圆形托泥。托泥底部一侧刻"重十六两五钱"字样。

清中期 | 全高 12.7 厘米，口径 8.4 厘米，最大围径 11 厘米，底径 9.1 厘米，足高 8.9 厘米
Engraved Silver Cup Holder , the Qing Dynasty

　　清宫餐饮盛器。杯座由盘和底座两部分构成。盘呈斗形，底面中空。杯座整体呈香几状，通体鎏金，顶部为须弥座式，高束腰光素无纹，束腰上下分别錾刻仰、覆莲瓣花纹，下部鼓腿彭牙，连接处錾刻龙首装饰，双目圆瞪，鬣毛上昂，壶门起线优美，六足呈三弯腿式，底内敛，錾刻兽头圆珠式足，带圆形托泥，边沿饰一周连珠纹。托泥底边一侧刻楷书注明"重十三两五钱五分"。清代宫廷饮食器具做工讲究，质量上乘，成套杯、盘、座的使用颇为流行，除金、银外，清宫还普遍使用玉制、瓷制等饮食器具。

清铜鎏金莲瓣圆盘

清中晚期 | 全高 6.8 厘米，口径 33.3 厘米，足高 3.6 厘米，足径 7.8 厘米
Copper Disc with Lotus-Petal , the Qing Dynasty

　　清宫旧藏饮食盛器。此盘以铜材打制而成，外表鎏金，体量较大；盘壁至盘口，形成莲瓣形花口，一周共计十六瓣；花瓣向外撇开，形成宽大的盘口；盘里为圆形光素平面；盘底部制有高圈足。

清铜鎏金菊瓣圆盘（两件）

清中晚期 ▏其一盘高 5 厘米，口径 45 厘米；其二盘高 5.7 厘米，口径 44.7 厘米。二者均足高 3 厘米，足径 29 厘米
Two Pieces of Copper Discs with Chrysanthemum-Petal , the Qing Dynasty

清宫饮食器具。两个圆盘均扁平，唇口，高圈足。盘内心下凹，中间素面平心，外围排列一周菊瓣纹，瓣尖相隔处饰一圈连珠纹。两件圆盘均铜质鎏金，原为清宫旧藏，是内廷皇帝、后妃的生活用品，体现皇家宫中的奢侈用度。该盘体积较大，部分鎏金脱落，具有较强的实用性。

清镀金银碗

清中期 | 全高 6.1 厘米，口径 14.8 厘米，足径 7 厘米
Gold-Plated Silver Bowl , the Qing Dynasty

清朝饮食盛具。碗撇口，弧壁，圈足。通体银镀金，素面无纹，口沿微外卷，足外侧满文六个字，为该器物重量标识。该碗银胎，表面镀金，造型古朴，金光熠熠，反映清宫帝后生活饮食器具的奢华。

清乾隆款素面银碗

乾隆三十六年（1771）┃高 7 厘米，口径 17 厘米，底径 11.5 厘米
Plain Silver Bowl with Qianlong Mark, the Qing Dynasty

清宫饮食盛具。银质，碗呈墩式，直壁，口沿为卷沿凸边，碗内外面皆光素无纹。圈足，近足处内收。器型简洁，仅在圈足内刻"乾隆三十六年""重十五两"。此碗为沈阳故宫原藏。

清宫御用银匙叉（六件）

清中晚期 | 匙一长 19.6 厘米，匙二长 17.4 厘米，匙三长 19.4 厘米、宽 4.5 厘米，匙四长 21.9 厘米，匙五长 26.5 厘米、宽 4.3 厘米，匙六长 18.8 厘米

Six Pieces of Silver Court Tableware , the Qing Dynasty

沈阳故宫馆藏各类清宫匙、叉、箸等饮食器具数量较多，种类丰富，其装饰多在柄部，金银制器，用料考究，錾刻工艺精湛，反映出清代宫廷饮食器具的精美与奢华。此类匙叉均为清代宫内饮食餐具。

其一，清吉祥如意款银匙。镀金银匙，匙体光素，为长圆形。匙柄边缘随形刻画轮廓线，柄中部起扉棱一道，柄端扁平，浅刻"吉祥如意"。

其二，清吉祥如意款银匙。镀金银匙为椭圆形，柄部边缘随形刻画轮廓线，柄端扁平，浅刻"吉祥如意"。柄后刻"德华""足纹"二楷书印。

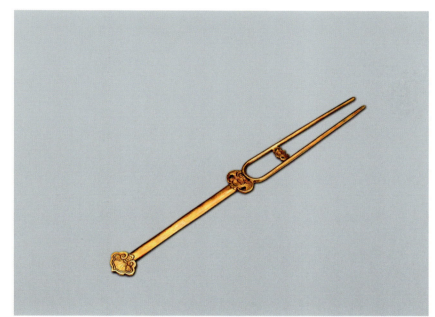

　　其三，清银蝠寿字羹匙 。银质，匙体及柄部表面满布团寿字、卍字符、蝙蝠纹，寓"福寿万年"之意。匙柄顶端如意头形，背面刻"库平金一两三钱八分"。

　　其四，清银镀金木柄板匙。匙体银镀金，呈叶形，匙柄中段为木质圆柄，一端镶镀金银箍，一端镶银镀金匙。匙上部錾刻如意形花纹。

　　其五，清镀金银匙。该匙体积较大，特别是柄部略长，在使用中起勺的作用。匙柄正面中部凸起，顶端饰件缺失。匙柄背刻"重二两五钱"。

　　其六，清如意头柄银镀金叉。直柄，柄首顶端錾刻如意花苞形，中部刻椭圆形双面蝙蝠，其下叉股间又焊接一双面蝙蝠纹。"蝠"与"福"谐音，古代人们常常采用吉祥寓意及代表文人雅趣的题材图案和纹饰，以表达人们对美好生活的向往和期许。

清银质錾花嵌翠玉壶

清中期 | 全高 28.3 厘米，壶高 23.1 厘米，口径 6.7 厘米，足径 9.4 厘米
Silver Inlaid Emerald Jade Pot , the Qing Dynasty

　　清宫餐饮具。壶银质，器身较高，撇口，细颈，长流，无柄。壶纽为花蕾形纽，盖沿刻一圈相连的钱纹。器身为长颈瓶造型，长颈中部为三道银箍，上下两层相对的蕉叶纹分开，该壶无柄，以长颈为手执之处。肩部錾刻一圈银箍，外部环饰一圈排列整齐的卷草纹。壶腹呈球形，三处圆形开光，与流形成四等分，开光处以双层绳纹为边框，二处内嵌白玉透雕人物，一处嵌翠雕一孩童捧蝉，开光周围铸有云龙纹。壶流细长高昂，整体光素，口部与底部錾刻缠枝纹饰。喇叭形高足，足部外阔，饰两周相向的蕉叶纹饰。该壶造型优美，亭亭玉立，錾刻工艺精湛，纹饰细致繁缛，该器型与纹饰都具有少数民族的风格。

清银大执壶

清中期 | 高 46.5 厘米，最大围径 37.3 厘米，足径 16.1 厘米
Large Silver Bottle , the Qing Dynasty

清宫餐饮具。该执壶银质，器身较高，整体呈葫芦形，壶身束腰式，盖为宝珠形纽，盖面自上而下分为三层，每层为扁圆形叠加。圆形壶口，外沿鎏金缠枝花纹，弯弧形兽首式长流，口沿处鎏金双钩缠枝莲纹，下部饰鎏金龙头纹，流与壶之间有横梁相接。壶柄头部錾刻龙纹，龙头吻部连接壶身，呈"S"形下垂，尾部为鎏金鱼鳞纹装饰。圈足，底部刻满文四字，为该器重量标识。该壶造型优美，稳定性强，是宫廷使用的盛水用器。

清银大执壶

清中期 | 全高 42.2 厘米，最大围径 30.3 厘米，足径 11.23 厘米
Large Silver Bottle , the Qing Dynasty

清宫餐饮具。该执壶银质，整体呈葫芦状，壶身束腰式，塔形盖，宝珠纽，盖面为双层莲瓣纹及仰、覆莲纹，肩部一圈菊瓣纹，上下两层圆腹上均有两道弦纹，弦纹中间为刻划缠枝纹。流部与壶柄呈"S"形，流底部刻饰兽首纹，足外侧满文字。壶身与流、柄的连接处，以及壶身上下圆腹焊缝处，焊接痕迹明显，具有较强的实用性。

清银多穆壶

宣统元年（1909）｜全高 39.53 厘米，底径 13 厘米
Silver Duomu Jug , the Qing Dynasty

清宫餐饮具。多穆壶亦称"奶子壶"，为蒙古、藏少数民族盛装酥油茶的器皿，该多穆壶做工粗糙，使用痕迹明显，金色已经基本脱落。壶口类似僧帽状，斜口、直壁、平底、环链提手。壶身圆筒形，整体光素，仅以四道镀金银箍将整个壶身界出四个部分，银箍上刻缠枝花卉纹。壶身一侧为小口短流，一侧设银链自上而下，三枚鎏金铜球等分四段，便于提拿。壶底刻"宣统元年"款及"二两平重一百零二两"。两行刻款中间分别排列"东安门内""足纹""德华"三个长方形戳记。

清龙头纹银壶

乾隆年间（1736—1795） | 全高 46.5 厘米，最宽处 37.3 厘米，足径 16 厘米
Silver Jug with a Dragon's Head , the Qing Dynasty

清宫餐饮用具。总体呈圆腹式造型，全器以银合金制造；顶部为多层莲瓣纹饰，顶上部有圆形火珠提纽；壶盖为素面镀金，光洁发亮；壶盖、壶口折沿相扣，颈部内敛；壶流下部为鎏金龙首造型，流部与壶身连接处錾刻繁缛的卷云纹；壶把为一条弯曲的龙形，上下分别为龙首和龙尾，均为鎏金制成；壶纽与壶把之间，有细链相连；壶足外撇，下部錾刻如意云头变体图案；壶底刻满文四字。此执壶为清宫原藏文物。

清素面长颈银酒壶

清中期 | 全高 13.9 厘米，最大围径 11.4 厘米，底径 5.5 厘米
Long-Necked Silver Wine Decanter , the Qing Dynasty

清宫餐饮具。该器物造型与佛教中贲巴壶相似，银质，盘口，细颈，球形腹，外撇圈足，长曲流，无柄。器身通体光素，洁净光亮，中部饰二周素箍，便于拿握。鼓腹，器身一侧出"S"形长流，盖顶部两道连珠纹，高足卷沿。该器物造型清朝瓷器和金银器中都有出现。

　　清朝餐饮具。该茶壶壶盖及壶身口部内沿
为一圈锡胎，外部陶质，整体造型为钟形，壶敛
口，短直流，曲柄，平底。盖为穿顶玛瑙纽，盖
与壶以子母口套合，玉质流，翡翠柄。腹部绞胎
花纹，有天然之致，双面纹饰，一面刻梅花，边
上有"瓯香馆小品埜鹤"字。另一面刻"如钟一
声如铃九子手持七宝人天欢喜，石楳作"字，壶
内底有"杨彭年制"名款。此茶壶造型简洁，小
巧而不失庄重，颇具古风，为紫砂壶名匠杨彭年
与石楳两人合作的精品之作。

清刻花银爵

清中晚期 | 全高 13.4 厘米，口长 12.9 厘米、宽 5.6 厘米，足高 6.8 厘米
Engraved Silver Jue , the Qing Dynasty

清宫祭祀餐饮具。爵自青铜时代一直作为上层贵族阶层的饮酒用具，该爵为银质，椭圆体，圆底，口上有一对伞形柱。器身短小，腹部刻二层花瓣形纹饰，中部和底部刻画二道网格纹条带，前有扁状倾酒用的流，后有长尾，器身一侧有单柄，柄两侧及表面饰回纹，柱头为云纹。下承三棱锥足，呈柳叶状，外侧表面细线刻卷枝纹，足内部镂空钱形，这种装饰手法在青铜器时代已有出现。底部刻铭文"重五两"。

清刻龙纹银高足杯

清中晚期┃高 7.6 厘米，口径 7.8 厘米，足径 4.6 厘米，足高 3.8 厘米
Engraved Silver Goblet with Dragon Pattern , the Qing Dynasty

　　清宫餐饮具。器身通体鎏金，撇口，深腹，内壁光素，外壁錾刻二龙戏珠纹。底部高足外撇，中间及足外侧錾刻一周鎏金回纹，下饰海水江崖。高足杯也称"马上杯"，上为碗形，下有高柄。该造型在瓷器、漆器、金属器等器物类型中都有出现。

清刻葡萄纹银高足杯（一套两件）

清中晚期｜高 7 厘米，口径 7.7 厘米，足径 4.4 厘米，足高 3.5 厘米
A Set of Two Silver Cups Engraved with Grapes Pattern , the Qing Dynasty

清宫餐饮具。高足杯为骑射民族马上饮酒
而制，又称为"马上杯""把杯""靶杯"等。
这两件高足杯，银质，撇口，上部呈碗形，深弧
腹，丰底，下承喇叭形高足。杯身鱼子纹地上錾
刻缠枝葡萄花纹，花纹凸起抛光，鎏金装饰。底
足上部光素，下部与器身纹饰相同。

清编银丝杯

清中晚期 | 全高 5.2 厘米，口径 8.9 厘米，底径 4.4 厘米，足高 1.1 厘米
Silver Woven Cup , the Qing Dynasty

清朝饮食器皿。杯银质，撇口，深腹，圈足。内壁光素，外壁用较粗的银方丝纵向焊接胎体，紧密排列，形成一道道竖纹，再用较细的银圆丝横向排列编织，以银丝间隔空隙的大小，组成杯体多处菱形纹样，内饰斜卍字符。圈足银丝编织紧密，足沿外卷。该杯造型优美，制作精细，工艺繁缛，表现银质器皿质地柔软、易于加工的特性。

清刻花带把银杯（一套两件）

清中晚期 ┃ 全高 2.9 厘米，口径 7.4 厘米，足径 2.9 厘米
A Set of Two Silver Cups with Handle and Engraved Flower Pattern , the Qing Dynasty

清宫餐饮具。杯为银质单耳，錾刻工艺精细，纹饰种类繁多，具有不易氧化和耐腐蚀的特性，故深受人们的喜爱。这两件单耳杯，均为银质，撇口，圈足。其一，腹部外壁錾刻兰花、荷花等花卉纹饰，内壁光素。杯身一侧凸雕云纹形单耳。其二，内壁光素，外壁錾刻鱼子纹地及云鹤花纹，杯身一侧凸雕叶形单耳。

清烧蓝带把银杯

清晚期 | 高 3.5 厘米，口径 6.7 厘米，足径 3.2 厘米
Silver Cup with Handle and Burnished Blue Pattern , the Qing Dynasty

　　清宫餐饮具。该银杯采用烧蓝工艺与银质雕刻艺术制作而成。其杯壁上部、杯柄及底足部位均以烧蓝工艺制作。杯体上部竖直，表面錾刻两两相对的螭龙图案三组，螭龙小巧可爱，器身下部内敛，光素。杯柄呈扁桃形，嵌桃形及如意形银丝装饰。圈足外墙装饰回纹一周。此杯突出烧蓝工艺做装饰，将器物局部内填满色釉为地，经低温反复烧结形成。以蓝色釉料与银质相结合的工艺，亦称为"烧银蓝"。银杯釉料低于内填纹饰，釉色深浅不一，有水彩般的视觉效果。

清刻花银盅

清中晚期┃高 2.8 厘米，口径 7.5 厘米，足径 2.9 厘米
Engraved Silver Cup , the Qing Dynasty

清代饮食器皿。该银盅小巧，口部外撇，鼓腹，器身錾刻水仙、山茶、灵芝等图案，圈足。银器在古代具有试毒、防变质及杀菌等实际功能，在清宫饮食器具中非常多见。

清宣统款银酒提

宣统元年（1909） | 全长 44 厘米，口径 7 厘米
Silver Wine Carrier with Xuantong Mark , the Qing Dynasty

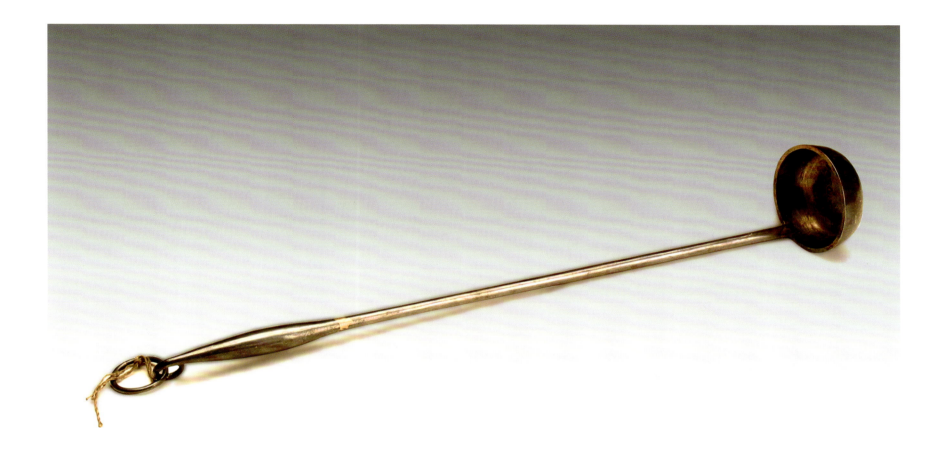

　　该酒提银质，长柄，柄端有环，可穿系绳线便于悬挂。酒提下端为半圆形勺，与柄成直角便于使用，勺内容量也可作为量斗。勺底部刻"制造库造京平足银""宣统元年制造""重十二两一钱七分"字样。酒提，又称"酒端子"，用于从酒坛、酒罐里盛酒，再倒入酒壶等器皿中的一种盛酒器具。酒提常见于竹制，该酒提为银质，原为清宫内廷所用，具有较强的实用性。

清银海棠式双喜茶盘

清晚期 | 高 2.2 厘米，长 20.6 厘米，宽 15.6 厘米
Begonia-Style Silver Tea Tray with Double Happiness Pattern , the Qing Dynasty

　　清宫餐饮盛器。茶盘用于盛置茶杯，一般与茶杯配套使用。该茶盘盘面可放一至二个茶杯，盘面平整，呈海棠形，盘边浅沿，盘面刻卍字锦地，中心为"囍"字，四面两两相对的蝙蝠纹饰，寓意吉祥，盘底刻铭文"重拾五两二钱"字样，并有"宝华""足纹"小楷戳记。该盘使用痕迹明显，为清宫中喜庆之日所用。

清光绪款镀金寿字茶托

光绪三十四年（1908） ┃ 长 15.5 厘米，宽 9 厘米

Gold-Plated Tea Tray with Guangxu Mark and Longevity Pattern , the Qing Dynasty

清宫茶具。茶托是垫在茶碗或茶杯底下的
器皿，在唐代已经出现。该茶托银胎鎏金，呈莲
花形状，中间下凹以承茶杯，茶托前后两花瓣略
长，表面分别有镀金"寿"字，左右两侧分别镀
金两个团寿字，古代寿字形长者意为"长寿"，
形圆者意为"团寿"，寿字鎏金，字体自然清
晰，圈足，底部刻款铭文"光绪三十四年泰兴
楼""造京平足重四两三分"。

清银刻寿字船形茶托

清晚期 | 高 4.4 厘米，长 13.4 厘米，宽 6.9 厘米，底径 4.8 厘米
Engraved Silver Longevity Boat-Shaped Tea Holder , the Qing Dynasty

　　清宫茶具。该茶托整体呈元宝形，两端高高翘起，茶托中间下凹，以承茶杯。茶托表面满刻卷云、山石等纹饰，两端相对錾刻篆书"寿"字，左右两旁各有一只蝙蝠，圈足底部有"足纹"戳记。该茶托线条流畅，内部纹饰细致，与单耳杯配成一套使用，其作用是防茶碗烫手，同时也是一种礼节性的器皿。

清银嵌珐琅团花船形茶托

　　清宫茶具。该茶托银质，整体呈船形，器身横置，上部两端翘起，托身正面呈弧形，两侧平直，边沿均外翻，器身四周装饰各种蓝、白颜色的珐琅釉料，烧制各种图案的小团花与太极图。器壁较薄，内壁有明显的因填珐琅釉料而按图案錾刻花纹的制作痕迹。

五 拥金为用——清宫生活用具

清宫御用金属类生活用具，为帝后、妃嫔和其他皇室成员日常生活所使用的器皿。它们或高或矮、或大或小，或圆或方，但总体上看均是做工考究、技艺精美，反映出御用器物的高端大气。

清宫所造金属类生活用具，以铜质材料为最多，通常采用金属器的传统制作方法，如铸造、錾胎、线刻、镂空、填彩、鎏金银等；所包括的器具类型有熏炉、火盆、手炉、脚炉、水盆、渣斗、唾盂、香盒、花盆以及铜钟等。此类金属生活用具因属于宫中日常所用，故造型和工艺相对礼器、陈设器而言较为简陋，器物表面的图案纹饰亦相对简单，反映出朴素实用的清宫理念。

清镂空团寿字三节铜火盆

清中晚期 | 全高 79 厘米，口径 50.5 厘米
Copper Fire Bowl with Longevity Characters , the Qing Dynasty

清宫取暖用具。此火盆通体由铜制成，由
罩、盆两部分组成。盆呈圆形口，口沿为宽板沿
外折，深腹，底部有三兽面足。罩分三节，每节
均为上下两组镂空图案，上为卍字不到头纹地，
上饰以团寿字；下为盘肠纹、长万字及团寿字。
罩顶镂空一周八卦纹。附镂空盘肠纹、长卍字及
团寿字扁纽。古时熏衣服或熏殿时，火盆一般盖
上罩，以防火星溅到衣物上而引起火灾。

清镂空三节罩三足铜熏炉

清中晚期 | 全高 73.9 厘米，盆高 26.4 厘米，口径 52.4 厘米
Bronze Incense Burner with Cover , the Qing Dynasty

清宫取暖用具。带罩火盆通体由铜制成，由罩、盆两部分组成。盆呈圆形口，口沿为宽板沿外折，深腹，底部有三兽面足。罩分三节，每节均为镂空上下两组图案，下均为盘肠纹、长卍字及团寿字；第一节上层图案为卍字不到头纹地，上饰以团寿字，第二、三节图案均为卍字地，团形开光内镂空几何纹及花瓣纹。罩顶镂空一周回纹。附镂空盘肠纹、长卍字及团寿字扁纽。

清带罩铜火盆

清中晚期 | 全高 87 厘米，罩高 67 厘米，口径 51 厘米，足高 13 厘米
Copper Fire Pit with Cover , the Qing Dynasty

　　清宫取暖用具。此带罩火盆为一对，通体由铜、铁制成。火盆由罩、盆两部分组成。罩即铁丝网罩，形似鸟笼状，罩中部饰两活环。铜盆呈圆形口，口沿为宽板沿外折，下部为深腹，底部有三兽首足。该火盆与"清陈祖璋等象牙雕月曼清游之围炉博古"中所绘的带罩火盆的造型有几许相似，应为取暖、熏殿、熏衣之用。

清勾莲纹象首足铜炭盆

清中晚期 | 高 40.5 厘米，口径 79.5 厘米
Charcoal Copper Pot with Elephant and Lotus Pattern , the Qing Dynasty

清宫取暖用具。炭盆通体由铜制成。盆体为
圆形口，口沿为宽板沿外折，下为深腹。腹壁近
宽板沿处饰一周覆莲纹。底部有三象首足，象耳
向两边张开，象首满饰绶带及璎珞，象牙向外弯
曲，象鼻向内略弯。

清三象足葵花式铜炭盆

清中晚期 | 高 32.5 厘米，口径 59 厘米
Charcoal Copper Basin with Three Elephant Feet , the Qing Dynasty

清宫取暖用具。炭盆为圆形口，口沿为宽板沿外折呈葵花形，下为深腹，腹部有一箍。下有三象首足，象耳外张，象鼻内卷。

清白铜錾花圆形手炉

清中晚期┃全高 16 厘米，炉高 10 厘米，口径 13.5 厘米，底径 13 厘米
Round Copper Handwarmer , the Qing Dynasty

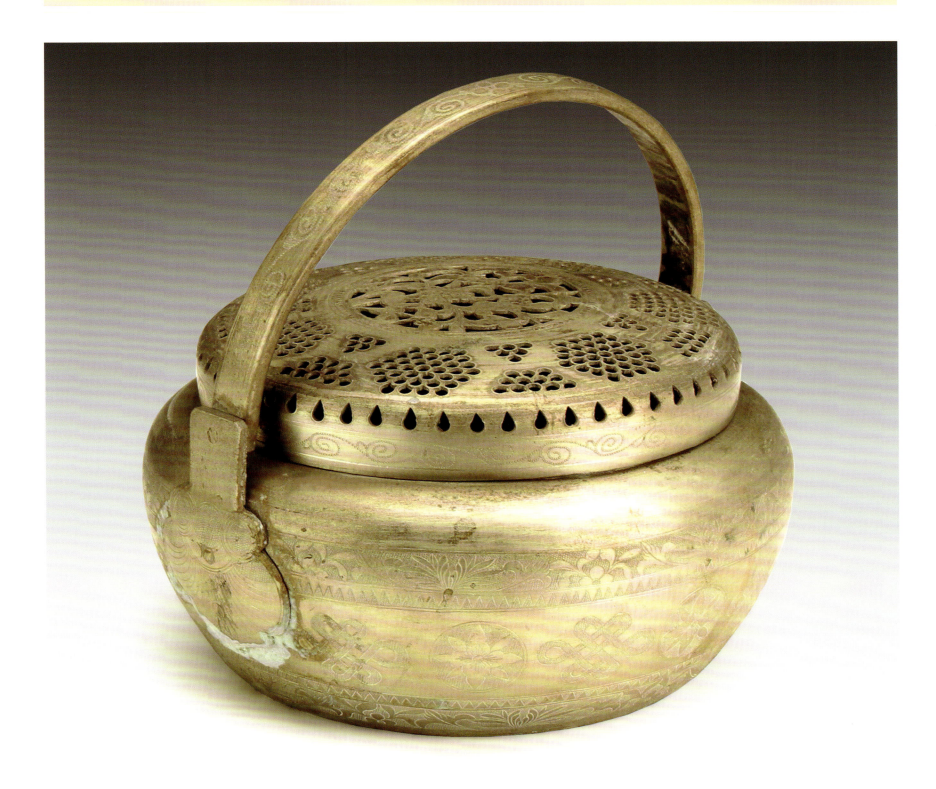

　　清宫取暖用具。该手炉为白铜制成。炉盖呈圆形，盖面为镂空雨滴纹组成花卉、三角形、梯形、多边形等几何图案；盖壁饰一周镂空雨滴纹，下浅刻一周由鱼子纹组成的卷草纹，其上下均刻有弦纹。炉身为扁圆形，肩部、底部均浅刻一周花卉纹、锯齿纹；腹刻皮球纹及盘肠纹。肩部两侧有提梁，梁耳饰金鱼图案，梁为圆弧形，上浅刻花纹。

清白铜錾花长方形手炉

清中晚期 | 全高 11.5 厘米，炉高 7.3 厘米，口径长 11 厘米、宽 7.8 厘米，底径长 13.6 厘米、宽 10.2 厘米
Rectangular Copper Handwarmer , the Qing Dynasty

　　清宫取暖用具。该手炉为白铜制成。炉盖为八角长方形，肩部亦为八角长方形，身随形，肩两侧有提梁，梁耳为长方形。盖面镂空鳞纹地上有委角方形开光，开光内饰镂空缠枝花卉纹。盖沿侧面及提梁、梁耳均浅刻一周由鱼子纹组成的卷草纹。腹上、下均各有一周三角形纹饰，中间饰长寿字、扇形花纹、蝙蝠纹等。

清黄铜錾花瓜棱形手炉

清中晚期 | 全高 25.7 厘米，炉高 17.7 厘米，口径 19 厘米，底径 15.6 厘米
Engraved Gourd and Prismatic Handwarmer , the Qing Dynasty

　　清宫取暖用具。此炉通体用黄铜打制而成。
炉身呈瓜棱形，盖、底均随形。炉盖面为镂空孔
雀开屏纹地，浅刻蝶纹、蜜蜂纹；盖壁饰镂空花
纹。炉肩刻二周弦纹、一周如意云头纹。肩两侧
有提梁，梁耳为长方形，梁呈圆弧形，上饰瓜棱
纹。底壁浅刻一周蕉叶纹。

清紫铜錾花圆形手炉

清中晚期 ▎ 全高 24 厘米，炉高 18.5 厘米，口径 18.5 厘米，底径 15 厘米
Round Purple Copper Handwarmer , the Qing Dynasty

清宫取暖用具。该手炉为紫铜制成。炉盖呈圆形，盖面圆形镂空地上饰以荷花纹；盖侧饰镂空缠枝莲纹。炉身鼓腹，近口处饰一周荷叶纹；腹部饰如意云纹、鸟纹、荷花、荷叶及水纹。肩两侧有提梁，梁耳为长方形，梁为圆弧形。底圈足，足壁饰以荷叶纹。

清紫铜雕花梅瓣形手炉

清中晚期 | 全高 19.2 厘米,炉高 14 厘米,口径 14.9 厘米,底径 11.4 厘米
Carved Purple Copper Handwarmer with Flower Pattern , the Qing Dynasty

清宫取暖用具。紫铜质。炉盖呈梅瓣状,面、壁均有镂空花纹、回纹。炉身呈梅瓣形,肩部饰一圈回纹,腹刻回纹地,花形开光内刻花卉纹。肩两侧有花形提梁,梁耳为长方形。足壁刻梅花。

清刻花人物故事纹红铜手炉

清中晚期 ┃ 全高 20.9 厘米，炉高 14.8 厘米，最大围径 20.3 厘米，口径 16.5 厘米
Red Bronze Handwarmer with Engraved Floral Figures and Stories Pattern , the Qing Dynasty

清宫取暖用具。该手炉用红铜打制而成。手炉由炉盖、炉身、提梁三部分构成。炉盖呈圆形，盖面为镂空鳞纹地，上饰刀马人物图案。炉身呈圆形，腹刻刀马人物图案。肩两侧有提梁，梁耳为长方形，梁为圆弧状。底有"陈万典制"方篆图章款。

清龙纹双耳三足银盆

清中晚期 ▎口径 31.5 厘米
Silver Basin with Dragon Pattern , the Qing Dynasty

　　清宫生活用具。盆为银质，圆口，深腹。肩两侧有"丌"形耳，耳上有竹节纹。盆外腹刻以双凤纹、龙纹及卷云纹。腹部有三弓形足。底满刻龙纹，并有满文字一行。

清白铜刻八宝纹盆

清中晚期 | 高10.1厘米，口径43厘米
Engraved Copper Basin with Eight Treasures Pattern , the Qing Dynasty

清宫生活用具。盆通体由白铜制成。盆为圆口，折沿，深腹，圈足。盆里底部中央处刻以花卉纹，四周彩绘八宝纹：花、罐、鱼、盘肠、轮、螺、伞、盖，外圈彩绘折枝花卉纹。盆内壁暗刻云纹、蝙蝠纹及团寿纹。口沿有四周纹饰，分别为云雷纹、乳钉纹、如意云头纹及回纹。

清白铜刻蝠桃团寿纹盆

清中晚期 | 高 10 厘米，口径 40.5 厘米
Engraved Copper Basin with a Peach and a Longevity Cluster Pattern , the Qing Dynasty

　　清宫生活用具。盆通体由白铜制成。盆为圆口，折沿，深腹，圈足。盆里底部中央处刻以团寿字，外饰一周如意云头纹，四周彩绘桃实纹、蝙蝠纹及花卉纹。盆内壁暗刻云纹、蝙蝠纹及团寿纹。口沿有四周纹饰，分别为云雷纹、四瓣花朵纹、如意云头纹及回纹。

清錾花福寿暗八仙纹铜盆

清中晚期 | 高 9.5 厘米，口径 37.5 厘米，底径 25 厘米

Copper Basin Decorated with a Burin Pattern of the Eight Immortals of Fortune and Longevity , the Qing Dynasty

　　清宫生活用具。盆为铜质，圆口，折沿，深腹。里底处圆形开光内錾海水、云龙纹，开光外錾一周如意云头纹。里腹近底处錾一周卷草纹，上錾一周团寿字、长寿字及蝙蝠纹。折沿处錾花卉纹及暗八仙纹，每隔一组花卉纹錾两个暗八仙纹。

清光绪款银镀金唾盂

光绪二十九年（1903）┃高 11.5 厘米，口径 9.4 厘米，底径 6.3 厘米
Silver Spittoon with Guangxu Mark , the Qing Dynasty

清宫生活用具。总体呈筒状束腰式外形，以银质镀金工艺制成。上部为圆柱体花盆形状，下腹部为圆壶形状，盂底为平面；器身表面均镀金，光素无纹饰；盂底部中心刻有楷书"光绪癸卯年制"款，左侧刻"恒利银号造，京平足纹，重十五两五钱六分"字样，右侧刻"镀金一两二钱四分"字样。此件唾盂外形简朴，从底款可知清季宫中内府已名存实亡，器物制造已转由民间作坊，反映出宫廷制器的进一步衰落。

COMPENDIUM OF BOUTIQUE COLLECTIONS IN THE SHENYANG PALACE MUSEUM / 217

恒利銀樓造京平足紋
重十五兩五錢六分
光緒癸
卯年製
鍍金二兩二錢四分

清宫生活用具。盂为银质，由于年代久远器体银质部分已氧化变黑。盂由杯、座两部分组成。杯口微撇，深腹，内口沿嵌有一周银镀金八卦纹，里以双鱼纹组成太极图案；外壁嵌有一周银镀金团寿字。座为八面，座顶每角处均嵌有一个八卦纹；外壁每面均嵌有银镀金团寿字。

清光绪款椭圆形银便盆

光绪三十三年（1907）▏高 8.7 厘米，口径长 28.2 厘米、宽 22.5 厘米，底径长 24.3 厘米、宽 19 厘米
Oval Silver Commode with Guangxu Mark , the Qing Dynasty

　　清宫生活用具。此便盆制造于清光绪三十三年（1907），通体由银制成，呈椭圆形，唇口，直腹。便盆里壁、外壁均为素面，盆底竖刻阴文楷书文字3行，分别为"光绪三十三年八月二十日制""重贰拾叁两柒钱""鸿兴楼足纹"字样。

清刻八宝纹长方银卧炉

清晚期 | 全高 11.3 厘米，炉长 43.4 厘米、宽 17.2 厘米，底长 39 厘米、宽 12.7 厘米
Rectangular Silver Recumbent Incense Burner Engraved with Eight Treasures Pattern , the Qing Dynasty

清宫生活用具。卧炉由银打制而成，通体
呈委角长方形。盖上附桃实形纽，盖面镂空卍字
纹。炉外壁錾鳞纹地，上饰八宝纹。足外壁鳞纹
地上錾杂宝纹。

清如意式铜香熏

清晚期┃长 24 厘米，宽 6 厘米，高 3.5 厘米
Ruyi Style Copper Aromatherapy , the Qing Dynasty

　　清宫生活用具。香熏由铜制成，如意式，子
母口。香熏由外盒及内盒两部分组成，外盒盖面
如意头处镂空如意云头纹 ，如意身处镂空"大富
贵亦寿考月湖制"篆书单行八字。内盒如意形，
如意头镂空如意云头纹，身镂空卍字纹。另附镂
空熏筐。如意香熏内可放置香料，香味可从镂空
处散发，用以调节室内空气。

清铜镀金嵌玉海棠式花盆

清中晚期 | 高 11 厘米，口径长 22 厘米、宽 27.5 厘米
Copper and Jade Begonia Planter , the Qing Dynasty

清宫陈设用具。花盆通体由铜鎏金制成，为海棠式口，腹随形，口微撇，深腹微敛。口沿錾一周回纹；外壁花瓣式开光，内满錾缠枝花卉纹，每瓣花瓣中间均镶有整块方形青玉，青玉上刻有花卉纹及团寿字；四足均錾兽面纹。

清铜镀金点蓝菱形花盆

清中晚期 ┃ 高 9 厘米，口径长 20 厘米、宽 19 厘米
Diamond-Shaped Copper Pot , the Qing Dynasty

　　清宫陈设用具。花盆口折沿，深腹，菱花形口，腹随形。口沿錾一圈回纹；腹部采用点蓝工艺制成地，其上饰铜镀金缠枝花卉纹；四足为三角形，均錾花卉纹。花盆通体由铜镀金制成，金光灿灿，华贵富丽。

清铜镀金嵌料石菱形花盆

清中晚期｜高 11 厘米，口径长 23 厘米、宽 25 厘米
Inlaid Copper Pot , the Qing Dynasty

　　清宫陈设用具。花盆口折沿，深腹，菱花
形口，腹随形。口沿錾一圈回纹；腹铜镀金地，
上錾番莲纹，纹饰内镶粉色、蓝色、绿色等嵌料
石；三角形四足，足錾花卉纹。

金交龙纽大钟

天德三年（1151）重铸 | 钟高 199 厘米，纽高 30 厘米，宽 39.5 厘米。
Great Bell with Golden Cross and Dragon Pattern , the Jin Dynasty

　　钟身呈圆柱形，顶部为单环形蒲牢纽，口沿呈波曲形，钟体表面铸有阳文纵横线形纹饰数道及铭文"应历八年承天皇太后破乐寿觉道寺获大钟一颗"等300余字，惜部分文字漫漶不清。古钟使用蒲牢纽，除了因为其"平生好鸣"及具有装饰作用之外，更主要是蒲牢呈拱形，便于古钟的穿挂，钟身连接的四个点利用蒲牢每只爪的掌部和所有的趾，以使接触点多，增加牢固性。此钟的前身是辽承天皇太后于统和十七年（999）南侵破乐寿时所掠，归赐统和四年（986）建的感圣寺，金天辅六年（1122）毁于兵火，于天德三年（1151）重铸。后金天命六年（1621）努尔哈赤巡视辽南盖州时，获此钟，将其运到辽阳东京城。天命十年（1625）努尔哈赤迁都沈阳，将它迁至沈阳城内。崇德二年（1637）皇太极传旨增建盛京钟楼、鼓楼时，将此钟悬挂于钟楼之上，并一直在夜间报时使用到清末。一夜分为五更，每更约为两小时，从晚七点起更，就关闭城门了。入夜，每至更点，钟、鼓齐奏，随后八门八关，依次鸣锣。五更过后，城门大开。后来由于机械时钟兴起，大约在光绪末年就不用它来报时了。民国前后，则利用这架大钟传报火警，鼓则早已破败。民国二十年（1931），因钟鼓楼妨碍交通，被拆除。钟楼内的这件大钟被移入沈阳故宫内收藏，现为沈阳故宫藏国家一级文物。

明景泰款蒲牢纽铜钟

景泰二年（1451）┃钟高 26 厘米，纽高 4.3 厘米，口径 17 厘米
Copper Bell with Jingtai Mark , the Ming Dynasty

清宫生活用具。钟为铜铸，圆柱形，钟顶略凸，波浪形钟口微外撇。钟纽为蒲牢。钟身以铜箍分隔纹饰，显得更有层次。近钟顶处刻双钩楷书"唵、嘛、呢、叭、咪、吽"六字真言。肩部錾一周覆莲瓣纹。近肩部及近钟口处均有两边梯形、中间长方形所组成的开光，开光内有"李通、封俊、阮葉、邵丰保、来保、阮祥、董诚、邵斗保、黎保、阮木"等十人楷书名款及"景泰二年造"双钩楷书年款。

钟上的铭文说明此乃寺庙所用。钟上所刻的六字真言源于梵文，是藏传佛教中最尊崇的一句咒语。密宗认为，这是莲花部观世音的真实言教，故称六字真言。藏传佛教把这六字看作经典的根源，认为六字内涵丰富、奥妙无穷、至高无上，蕴藏了宇宙中的大能力、大智慧、大慈悲。藏传佛教主张信徒要循环往复吟诵六字大明咒，要求心念耳闻，每分钟持咒大约四十遍，只有这样方能清除贪、嗔、痴、傲慢、嫉妒以及吝啬这世间六种烦恼，堵塞六道之门，超脱六道轮回，才能积功德，修功德圆满，终得解脱。

清乾隆款蒲牢纽八卦大铜钟

乾隆年间（1736—1795）┃钟口径 77 厘米，全高 96.5 厘米
Large Copper Bell with Qianlong Mark and Eight Trigrams Pattern , the Qing Dynasty

清宫生活用具。钟为铜铸，呈圆柱形，波浪
形钟口外撇，钟顶略凸。钟饰蒲牢纽，顶部有圆
孔。钟身饰数处铜箍。肩部饰一周覆莲瓣纹。钟
腹錾有"大清乾隆年造"云龙纹碑形款。钟口沿
处饰八卦纹及圆形凸起受击点，应为敲钟时所打
击的地方。

清浮雕番莲八卦纹铜钟

清中晚期 | 高 45.7 厘米，口径 33.2 厘米
Copper Bell with Lotus and Eight Trigrams Pattern, the Qing Dynasty

清宫生活用具。钟为铜铸，呈圆柱形，口微撇。顶部饰"几"字形纽，纽座为口形。肩部錾覆莲瓣纹一周。腹部通体满饰缠枝莲纹，并间饰"万寿长春"四字楷书，近口处饰海水江崖纹。口沿处錾八卦纹及圆形凸起受击点。

六

神圣供奉——佛造像及祭祀礼器

VI. Sacred Offerings: Buddha Statues and Ritual Objects

清朝作为中国古代最后一个封建王朝，其宫廷祭祀活动在国家政治生活中，具有十分重要的地位与作用。宫廷祭祀，必须陈设祭奠的神像，摆放专用的器皿，它们既有瓷器、珐琅器、漆器等材质，又有许多金属器祭祀用具。具体来看，宫廷祭祀用品中曾制作和使用大量金属类佛教造像和礼仪用器。

从清宫传世至今的金属制宗教用器来看，它们绝大多数为藏传佛教造像和法器，如释迦牟尼铜像、菩萨铜像、观音铜像、罗汉铜像等，另外还有与藏传佛教相关的七珍、八宝、坛城、金刚杵、法铃以及大小不一的各式铜五供等。这些宗教类金属器由满洲贵族制用，器物上带有鲜明的藏、蒙古文化特色，同时也融入了中原汉族传统内容，因而体现出多民族文化相融合的特点。

明宣德款铜鎏金圣宗佛像

宣德年间（1426—1435）┃高 26.2 厘米，宽 17 厘米
Copper Statue of Shengzong Buddha With Xuande Mark , the Ming Dynasty

　　清宫佛像。此佛像为铜鎏金制。头戴五叶宝冠，高螺髻，佩大耳珰，面庞丰腴，修眉长目，双眼向下俯视，嘴角微翘。佛像身微右倾，袒露上身，肩披帛带，胸前垂饰璎珞，臂钏、手镯雕饰精美。束腰长裙，腰饰璎珞，衣褶辗转自若。屈臂手挽莲花茎，于胸前施说法印，两茎莲花齐肩绽放，结跏趺坐于莲花宝座上。莲座为束腰式仰、覆莲瓣座，上下缘饰一圈乳钉纹装饰，上刻有"大明宣德年施"款。

清乾隆款铜释迦牟尼坐像

乾隆年间（1736—1795） | 全高 96 厘米，佛高 74 厘米，座高 22 厘米、宽 64 厘米、厚 48 厘米
Copper Seated Statue of Shakyamuni With Qianlong Mark , the Qing Dynasty

　　清宫佛像。此佛像仅袒露部分施鎏金，绀青螺发，髻顶有鎏金宝珠，面庞圆润，修眉长目，双眼向下俯视，直鼻，嘴角微翘，耳下垂近肩，耳垂中空。颈施三道弦纹，身披袈裟，袒胸露右臂，左手结禅定印，右手施触地印，结跏趺坐于莲花宝座上。莲座为束腰式仰、覆莲瓣座，上下缘饰一圈乳钉纹，座上沿錾楷书"大清乾隆年敬造"七字楷书款。

清铜鎏金释迦牟尼坐像

清中晚期 | 高 32.5 厘米，宽 26.5 厘米
Copper Seated Statue of Shakyamuni , the Qing Dynasty

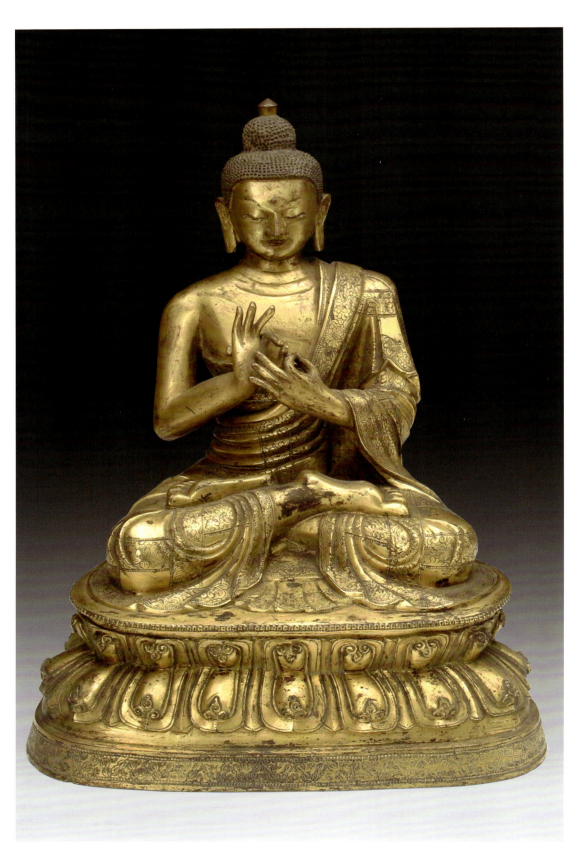

清宫佛像。此佛像铜鎏金制。螺发高髻，髻顶有鎏金宝珠，面相沉静庄严，眉心有痣，为白毫相，长眉隆鼻，双目微合，两耳下垂。颈施三道弦纹，身披袈裟，袒右肩，全衣绣以花草纹样，衣褶自然堆叠，层次鲜明。双手于胸前结说法印，结跏趺坐于莲花宝座上。莲座为束腰式仰、覆莲瓣座，上缘饰一圈乳钉纹，底边饰一圈花草图案。

清铜鎏金圣宗佛坐像

清中晚期 | 高 23.5 厘米，宽 15.8 厘米
Copper Statue of Shengzong Buddha , the Qing Dynasty

清宫佛像。此佛像铜鎏金制。头戴五叶宝冠，高螺髻，佩大耳珰，颜面端庄，修眉细目，双眼向下俯视，鼻高薄唇，嘴角微翘。颈施三道弦纹，袒露上肩，身着天衣绸裙，肩披帔帛，胸前垂饰璎珞，臂钏、手镯、脚镯等雕饰精美，并嵌有珊瑚、绿松石等宝珠。双手于脐前结禅定印，结跏趺坐于莲花宝座上。宝座为束腰仰、覆莲式，上下饰两道乳钉纹。

清铜释迦牟尼立像

清中晚期 | 全高 26 厘米，座径 7.4 厘米，底高 4.5 厘米
Copper Standing Statue of Shakyamuni , the Qing Dynasty

清宫佛像。此佛像为铜制。螺发高髻，髻顶有宝珠，面相圆润，眉心有痣，为白毫相，长耳垂肩，五官端正，宽额弯眉，双目微闭，静谧气敛。身着袈裟，胸、肩坚实圆润，衣褶流畅相叠，垂然而下。左手托于胸前，右手施与愿印，神情静穆庄重，仪态安详沉静。赤足立于莲花宝座之上。佛像整体造型端庄，比例匀称，通体包浆自然，尽显苍古之气韵。

清铜地藏菩萨立像

清中晚期 | 全高 26.1 厘米，座径 7.6 厘米，座高 4.2 厘米
Copper Standing Statue of Jizo Bodhisattva , the Qing Dynasty

清宫佛像。此佛像为铜制。束发高髻，头戴莲花宝冠，冠顶附有净瓶。菩萨面庞丰腴，五官清晰，眼微下垂，直鼻小口，胸前佩饰璎珞，身着天衣，衣褶嵌银丝装饰，自然垂下，飘逸流畅。手持莲花，跣足立于莲花座之上。此像造型端庄，比例匀称，肢体丰满圆润。

清铜鎏金四面观音坐像

清中晚期 | 高 16.8 厘米，宽 11.8 厘米
Four-Faced Seated Copper Statue Of Guanyin , the Qing Dynasty

清宫佛像。此佛像为铜鎏金制。二臂四面，头戴五叶宝冠，束发髻，佩大耳珰，面庞圆满，双目微垂，面相端庄慈祥。胸前垂饰璎珞，臂钏、手镯雕饰精美，肩披帔帛，婉转绕臂，衣纹自然流畅。细腰束裙，腰饰璎珞，双手于脐前结禅定印，结跏趺坐于莲花宝座上。宝座为束腰式仰、覆莲座，上缘饰一圈连珠纹，莲瓣饱满，底沿外撇。

清铜鎏金财宝天王像

清中期 ┃ 高 23.2 厘米，宽 18.4 厘米，厚 10 厘米
Copper Statue of the Heavenly King of Wealth and Treasure, the Qing Dynasty

　　清宫佛像。此佛像为铜鎏金制。头戴五叶宝冠，面目庄重，高鼻大眼，胡须卷翘，耳饰珰。身穿铠甲，肩披帛带，腰系鱼形带扣，左手握法器吐宝鼠（藏名纽夕），右手于胸前施期克印，端坐于狮背上。卧狮回首，张开大口，怒目圆睁。下附覆莲花宝座，底錾八宝轮图案。

清铜鎏金宗克巴坐像

清中晚期 | 高11厘米
Copper Seated Figure of Tsongkhapa , the Qing Dynasty

清宫佛像。此佛像为铜鎏金制。头戴黄色桃形僧帽，长眉上扬，双眼平视，鼻梁挺直，双唇微启，面容静穆、安详。帽里、唇边点以红彩。身着三法衣（坎肩、僧裙、袒右式袈裟），衣边錾刻卷草纹。屈臂手挽莲花茎，于胸前施说法印，两茎莲花齐肩绽放，左侧莲花上有梵箧（梵文经典），右侧莲花上有金刚杵，结跏趺坐于莲花宝座上。莲座为束腰式仰、覆莲瓣座，上缘饰一圈乳钉纹装饰。

清铜鎏金罗汉像

清中晚期 | 高 50 厘米，宽 39 厘米
Copper Statue of Luohan , the Qing Dynasty

　　清宫佛像。此佛像为铜鎏金制。颜面端庄，修眉细目，双眼向下俯视，鼻高薄唇，嘴角微翘，两耳下垂，面容静穆、安详。身着三法衣（坎肩、僧裙、袒右式袈裟），左手于脐前结禅定印，右手于胸前施说法印。结跏趺坐于莲叶之上。

清金七珍、八宝（七件）

乾隆年间（1736—1795）┃七珍、八宝原为十五件，现余两件七珍、五件八宝，每件约高9厘米、宽6厘米
Seven Pieces Gold Tibetan Buddhist Ritual Objects , the Qing Dynasty

　　清宫祭祀法器。七珍又称七宝，是藏传佛教供奉的七种宝物，分别为金轮宝、主藏宝、大臣宝、玉女宝、白象宝、胜马宝、将军宝；八宝又称八吉祥、佛八宝，为藏传佛教中表示祥瑞的八种图案，分别为轮、螺、伞、盖、花、罐、鱼、长。

　　此套七珍、八宝现存七件，其中七珍现余将军宝和主藏宝两件，八宝现余鱼、长、螺、罐、盖五件，全部为纯金制成，每件为独立单体，分别錾刻不同主纹图案，每宝两面纹饰相同；各器物上部均为圆形双环佛光，双环内满雕卷草纹，中心处为七珍、八宝主图案；各宝中下部为须弥座式基座，上下錾制仰、覆莲瓣纹，底座中腰部为卷云纹。此套纯金七珍、八宝原属皇家寺庙，后移入沈阳故宫收藏，经国家文物鉴定委员会确定，现为沈阳故宫馆藏国家一级文物。

清乾隆款鎏金铜杵

乾隆年间（1736—1795）┃全长 12.5 厘米
Gilt Gold Implement with Qianlong Mark , the Qing Dynasty

清宫祭祀用具。此杵为铜制，通体鎏金，两端尖锐，皆出五峰，作五股式，代表五佛五智。杵中间一段呈球形，錾"乾隆年造"楷书款，两端为对称的莲花台。金刚杵为藏传佛教的密宗法器，用以示坚利之智，有摧灭烦恼、降服恶魔的作用。此件器物为沈阳故宫原藏。

清梵文铜法铃

清中晚期 | 高 22.2 厘米，口径 10.1 厘米
Copper Bell with Sanskrit , the Qing Dynasty

清宫祭祀用具。此铜铃以金刚杵为把，下呈钟铃形状。杵部分为铜鎏金材质，五股，雕有佛首、莲瓣纹等装饰。下部铃为铜制，钟形，饰有须弥纹、璎珞、连珠纹、金刚杵等，并铸有八字梵文真言。铃内錾刻六瓣莲花纹及三字满文。金刚铃为藏传佛教的常用法器之一，常在修法时摇响，是智慧的象征。

清梵文镶嵌铜壶

清中晚期 | 高 32.3 厘米，围径 17.1 厘米，底径 14.3 厘米
Copper Pot with Sanskrit , the Qing Dynasty

清宫祭祀餐饮具。铜鎏金制。此壶似多穆壶，上窄下宽，圆筒形状，僧帽口，盖顶有铜纽，无流，手柄为弧形，以螺丝接连，可转动。壶身拼接有铜箍五道，满饰缠枝纹，并将壶身分为四部分，上下两部嵌有缠枝花卉及蝴蝶纹，中间两处嵌两周梵文。纹饰上均镶珊瑚、绿松石等嵌件，部分嵌件有脱落。此壶是藏传佛教与满族民族文化的融合之作，为沈阳故宫原藏。

清铜鎏金五供（一套五件）

清中晚期｜炉高 39 厘米、口径 21.3 厘米，花觚高 27.7 厘米、口径 9.1 厘米，烛台高 36.5 厘米，托盘径 16.4 厘米
A Set of Five Pieces of Gilt-Bronze Offerings , the Qing Dynasty

　　清宫祭祀陈设品。此五供为五件一套，含炉一件，花觚、烛台各两件，皆为铜制鎏金。其上均錾刻龙赶珠纹、云纹、仰覆莲纹等纹样。炉为鼎式，盘口，朝冠耳，鼓腹，三兽首形足，盖饰镂空八卦纹，宝珠纽。烛台有蜡扦，钟式高足托盘，燃烛之用。花觚瓶状，盘口，细颈，如意云头状双耳，各级活环一个，高圈足。

清铜镀金三足香炉

乾隆年间（1736—1795）┃全高 58.5 厘米，炉高 26 厘米，口径 21 厘米
Copper Incense Burner , the Qing Dynasty

　　清宫祭祀陈设品。铜鎏金制。此炉为鼎式，盘口，镂空朝冠耳，鼓腹，三象足，器身素面无纹饰。炉口内套接卅形香插，满饰云纹装饰，香插顶部为如意云头形，中间接圆环，为放香处。底部錾刻有"大清乾隆年制"楷书款。此炉为佛前五供之首，造型端庄、厚重。

清乾隆款双环缠枝花纹大铜香瓶

乾隆年间（1736—1795）┃高 63 厘米，口径 21.5 厘米，腹径 37.7 厘米
Large Copper Incense Bottle with Qianlong Mark and Entwined Flower Pattern, the Qing Dynasty

　　清宫祭祀陈设品。此器为五供之一，铜制、
盘口、长颈、双螭耳、鼓腹、高圈足。双耳各缀
圆活环一个，器身满饰錾刻减地缠枝花纹，肩部
以一圈如意纹装饰。足侧錾有"大清乾隆年造"
楷书款。此香瓶造型高大、厚重，纹饰雕刻精
美，为沈阳故宫原藏。

清乾隆款缠枝花纹大铜烛台

乾隆年间（1736—1795）┃高 62.6 厘米，盘径 41.2 厘米
Large Copper Candlestick with Qianlong Mark Entwined Flower Pattern , the Qing Dynasty

清宫祭祀陈设品。此器为五供之一，铜制，整体为钟式高足托盘。器身满饰錾刻减地游龙戏珠纹，座部饰须弥纹、蕉叶纹。足侧錾有"大清乾隆年造"楷书款。此烛台造型高大、厚重，纹饰雕刻精美，为沈阳故宫原藏。

《沈阳故宫博物院院藏精品大系·金属器卷》，自 2018 年编纂以来，至今已经将近 3 年，在即将出版之际，我们内心充满喜悦，因为又有一卷新图录可以供读者欣赏，又有一批珍贵的文物因出版而面向读者、面向社会。以文物藏品为公众提供文化服务，是博物馆工作的终极目标！

《沈阳故宫博物院院藏精品大系·金属器卷》，共收入本馆所藏金属类珍贵文物藏品 200 余件，这其中既有古代各朝制作的金属类文物，更多是清朝本朝制造或收藏的金属器。所选文物既有单体文物，亦有按照宫廷陈设而成对（成组）选出的文物，目的是希望读者通过这些藏品，真正感受到文物使用时的状态与陈列效果。

《沈阳故宫博物院院藏精品大系·金属器卷》，为本馆完成的集体合作项目。其中文物藏品的遴选与排序、图录大纲编撰和各单元说明文字由李理完成，全书各件文物说明文字，由本馆 10 余位专业学者共同参与完成，其中第一章由李理、张莹撰稿，第二章由于明霞、冯维撰稿，第三章由于颖、李晓丽、范喆撰稿，第四章由付博撰稿，第五章由蔡憬萱撰稿，第六章由刘晓晨撰稿。全书初稿完成后，由李声能、李理完成全部图片、文字的审核与修改。

在《沈阳故宫博物院院藏精品大系·金属器卷》即将付梓之际，我们感谢北方联合出版传媒集团、万卷出版公司鼎力支持，在公司领导和同人共同努力下，才如期完成了所有编辑、设计、排版、印刷等出版工作，我们向万卷出版公司诸位领导和同事致谢！是我们的通力合作、共同奋斗，才最终实现了《沈阳故宫博物院院藏精品大系》各卷的顺利出版！

当每一位读者从《沈阳故宫博物院院藏精品大系》中获得历史和文化知识，当每一位读者欣赏《沈阳故宫博物院院藏精品大系》中的文物藏品而内心愉悦之际，也就是我们最欣慰的时刻——所有的付出、所有辛苦，就凝聚在我们对数千年中华传统文化的深爱之中！

编 者

2020 年 12 月